Götz Kauffmann

Küss die Hand?

Mein Wiener Wörterbuch

Lustiger Sprachführer der
Wiener Mundart & Wiener Küche

Illustriert von Stefan Torreiter

Verlag 66 GmbH, Amstetten 2003

Was die Österreicher von den Deutschen trennt,
ist die gemeinsame Sprache.
Karl Kraus

IMPRESSUM

1. Auflage 2003
© Copyright 2003, Verlag 66
Buch-, Kunst- und Musikalienverlag GMBH
A-3300 Amstetten, www.verlag66.com

Autorenteam: G. Kauffmann, T. Kust, R. Wanzenböck, A. Billaudet
Illustration: Stefan Torreiter
Konzeption, Lektorat: Theo Kust, Verlag 66 GmbH
Layout, Grafik & Repro: CDMedia GmbH, Amstetten

Gedruckt und gebunden in Österreich

ISBN 3-902211-06-7

Inhaltsverzeichnis

Vorwort

Liebe Leser!

In Ober St. Veit, der idyllisch-verschlafenen Heimat meiner Kindheit, am Südwestrand Wiens, lauschte ich gern den Erzählungen der „Alten" - ihre Rede war blumig, bildhaft und mit geheimnisvollen Ausdrücken geschmückt. Wo sich Tante Klara ihre Gicht an den faltigen Händen zugezogen hatte, trat für mich aber in den Hintergrund - angesichts des faszinierenden Ausdrucks „Zippal". Niemals hätte ich definieren können, was ein „Zippal" genau ist. Aber mit dem Herzen hab ich's verstanden, weil es ein Stück von meinem sprachlichen Mutterboden war. Damals erwachte sie in mir, die Liebe zum Wiener Dialekt.

Mit 14 begann ich meine Lehre im elterlichen Orgelbaubetrieb in Fünfhaus (15. Bezirk) und wurde unsanft in eine völlig andere Sprachlandschaft gestoßen. Und wieder einige Jahre später, als ich die Lehre in der Leopoldstadt (2. Bezirk) abschloss, kam der nächste Kulturschock: Der dortige Prater-Jargon umfasste alles, was man uns in der Schule der ehrwürdigen Schulbrüder streng verboten hatte.

Den drei Sprachen - angeblich alle deutsch -, die ich so erlernte, war eigentlich nur eines gemeinsam: Man fühlte sich ihnen auf wundersame Weise verwandt, sie schufen eine anheimelnde Vertrautheit, die uns die mühsam erlernte Hochsprache niemals vermitteln konnte. Das „Weanarische" wurde zu meinem sprachlichen Zuhause.

Vom näselnden Schönbrunner-Deutsch bis hin zur unverfälscht derben Sprache des Praters, diese reichhaltig-lebendige „Melange" meines Heimatdialekts, war mir später bei meiner Schauspielausbildung am Reinhardt-Seminar überaus hilfreich.

Weanarisch - ein Schatzkästlein europäischer Kultur

Zwar wurzelt das Wienerische im bairisch-österreichischen Sprach-
boden, aber Geschichte und Nachbarschaften haben reichhaltige
Spuren hinterlassen.

Ingesamt ist das „Weanarische" ein Schatzkästlein europäischer
Sprachkultur - mit lateinischen, italienischen, französischen, ungarischen, tschechischen, kroatischen und vor allem böhmischen
Elementen. Mein „Mutterdialekt" ist also eine Art „Phonogramm"
zweitausendjähriger Stadtgeschichte. Ohne Türkenbelagerung kein
„Kaffee", ohne „k.u.k." kein „Gulasch", keine „Bramburi", es gäbe
auch die „wirkungsvollste und gefährlichste Waffe" der Wiener
nicht: Das „Küss die Hand".

Da sich Sprache im Allgemeinen, somit auch das Wienerische im
Speziellen, dem Wandel der Zeit unterliegt, verändern Wörter
ihre Bedeutung, fallen der Vergessenheit anheim oder werden
durch „modernere" aus dem täglichen Gebrauch verdrängt.

Eventuell auftretende kleinere Missverständnisse, die sich daraus
entwickeln könnten, sollen unter dem Aspekt betrachtet werden,
dass die Interpretation von Mundartbegriffen meistens auf der
persönlichen Wahrnehmung beruht.

Die wissenschaftliche Annäherung an das Thema Wiener Dialekt
muss ich den „Kapazundan" überlassen, wie z.B. dem respektge-
bietenden Lebenswerk der Frau Univ.Prof. Dr. Maria Hornung,
oder den unverzichtbaren Klassikern von Peter Wehle (s. Literaturverzeichnis).

Ein Wörterbuch des Lächelns

Ernst genommen, aber nicht verbissen ernst geschrieben - in dieser
Gemütslage habe ich das vorliegende Wörterbuch des Wienerischen zusammengetragen. Je länger ich daran arbeitete, desto enger

wuchs es mir ans Herz. Schön wär's, wenn es nun, da ich es vorlege, möglichst vielen anderen ebenso ans Herz wüchse.

Gedacht ist es für alle Wiener, die ein Stück sprachlicher Mundart bewahren und pflegen wollen.

Gedacht ist es aber auch für alle Nichtwiener, die sich dem Atem dieser Stadt, ihrem Dialekt, nähern wollen.

Und gemeint ist es wie das „Küss die Hand", charmant, intim-vertraut und doch weltgewandt, eine Geste der Höflichkeitsform, die wie keine andere, eine ausdrucksstarke zwischenmenschliche Wertschätzung darstellt.

Ein kleiner Exkurs in die Wiener Küche darf selbstverständlich in keinem Buch über das Wienerische fehlen, ebenso wenig wie das Wienerlied, das wohl am besten das „Weana Gmiat" zum Ausdruck bringt.

Abschließend möchte ich mich bei allen, die mich bei dem vorliegenden Buch maßgeblich unterstützt haben, herzlich bedanken: dem Verlag, meinem Bruder Markus und allen, die mich aus dem Füllhorn ihrer Spracherinnerungen mit Beiträgen überschüttet haben.

Möge das Buch allen Lesern ein Lächeln auf die Lippen zaubern. In diesem Sinne: Küss die Hand!

Götz Kauffmann, Mai 2003

Aussprache und Schreibweise

Mundart in Schriftform festzuhalten, bedingt eine Vielzahl von Überlegungen.

Ein Beispiel: Der Begriff „abbiegen", wienerisch „o-biagn" ausgesprochen, wäre von der Aussprache her unter „O", von der Bedeutung allerdings unter „A" einzuordnen. Letztlich eine Geschmacksache.

Aus diesem Grund wurde für dieses Buch eine mundartliche Schreibweise entwickelt, die mit etwas Übung die Aussprache der Wiener Mundart erleichtern, gleichzeitig aber auch einen unkomplizierten lexikalen Gebrauch ermöglichen soll.

1) **å** ... „a" mit Ringerl entspricht in der Aussprache nahezu einem „o".
z.B. **Åchterl** [sprich Ochterl]

2) **ã** ... „a" mit Tilde wird nasal ausgesprochen, ähnlich dem französichen „en-".
z.B. **ãn-bråtn**

3) **ë** ... selten verwendet; die Aussprache entspricht am Ehesten einem „ö".
z.B. **Lëffl**

4) **aa** ... doppelte Vokale bedeuten eine langgezogene Aussprache.
z.B. **Baa**

5) Stumme oder schwach artikulierte (undeutlich gesprochene) Konsonanten bzw. Vokale werden „unfett" gedruckt:
z.B. **åb-gfrettn, Ahnl**

7

6) Um mögliche Mißverständnisse von Vornherein auszu-
schließen, werden jene Vokale eines Wortes, die stärker
betont werden, unterstrichen:

z.B. **Blam<u>a</u>sch**

7) Um generell eine leichtere Lesbarkeit zu erzielen, werden
die Vorsilben bei Zeitwörtern durch einen Bindestrich
vom Wortstamm getrennt:

z.B. **åb-gfrettn**

Abkürzungen

s.a.	siehe auch
s.o.	siehe oben
jmd.	jemand
i.S.	im Sinne
ugs.	umgangssprachlich
allg.	allgemein
e.h.	ehemalig
möglw.	möglicherweise
g	Gramm
dag.	Dekagramm

Wörterbuch
der
Wiener Mundart

Mundartbegriffe

Die Autoren unterscheiden bei dieser Zusammenstellung

1) Mundartlich ausgesprochene Begriffe:

    z.B. **Antn** ... Ente

2) Mundartbegriffe, die eine andere Bedeutung aufweisen, als im „Duden-Deutsch":

    z.B. **ān-legn** ... sich anziehen

3) Begriffe, die (nahezu) nur im Wienerischen vorkommen:

    z.B. **Agazibam** ... Robinie

In das vorliegende Werk wurden in erster Linie vom „Deutschen" divergierende Mundartbegriffe und typische, originelle Wiener-Ausdrücke aufgenommen.

Anmerkung zum Gebrauch des Wörterbuches:
Sollten Sie den gesuchten Begriff z.B. nicht unter „A" finden, schlagen Sie bitte auch bei „O" nach. Dasselbe gilt auch für „B-P", „D-T", „G-K" und „F-V".

Am Agazebam drobm huckt an klans Achkatzl und wachelt mit´n
Schwaf. - *Auf der Robinie sitzt ein kleines Eichhörnchen und wedelt mit
dem Schwanz.*

åba, åwa   herunter, herab; aber

åb-**beidln**   abbeuteln; sich schütteln;
                                             jmd. loswerden

åb-**büdln**   fotografieren

åb-**flåschn**   jmd. Ohrfeigen (Backpeifen)
                                             geben

åb-**gfrettn**   sich abmühen; so recht und
   sich g´frettn   schlecht zurecht kommen

åbe-drahn   jmd. übervorteilen

åb-**krageln**   erwürgen, den
                                             Kragen umdrehen

åb-**påschn**   abhauen, sich aus
                                             dem Staub machen

ā̱-b**rennt**   pleite sein, abgebrannt sein

åb-schasseln	jmd. schnell abfertigen
åb-strudln	sich hetzen, abmühen
åb-tatschkerln	abgreifen, auch: sexuell (unzüchtig) berühren; tätscheln, zärtlich liebkosen
Abrahams Wuaschtkessl	in Abrahams Wurstkessel schwimmen: ungeboren sein
Achkatzl	Eichkätzchen, Eichhörnchen
Achterl	Weinmaß, kleine Einheit für das Ausschenken von Wein, 1/8 Liter Wein
åckern	hart arbeiten, auch: den Acker pflügen
Adabei	jmd., der sich im Dunstkreis Prominenter sonnt; Gesellschaftskolumnist einer Tageszeitung
Adaxl	Eidechse
Åff muards-trumm Åff	Rausch mordsmächtiger Rausch
Ahnl	Vorfahre, Ahne, Großeltern
Agazibam	Robinie; nicht Akazie!

Almdudler

Markenbezeichnung einer beliebten österreichischen Kräuterlimonade, mischbar mit anderen Getränken

ān-baun

etwas irrtümlich liegen lassen, verlieren

ān-gschütt sein

„angeschüttet", besoffen sein; verrückt sein, irr

ān-bandln

liebevolles Annähern, sanfte Anmache; Streit Rauferei anzetteln

ān-bäuln
Heast, bäu mi net ān!

anlügen
Hör mal, lüg mich nicht an!

ān-blåsn (sein)

angeheitert sein, beschwipst sein;
jmd. energisch die Meinung sagen

ān-bråtn
bei ana
Oidn
bråtn

jmd. anmachen
deftig bebalzen

ān-britschln

anspritzen

ān-bötzn

schwängern

ān-bumsn

anstoßen,
schwängern

ān-drahn	jmd. etwas andrehen; eine Frau (unehelich) schwängern
ān-dudlt	unter leichtem Alkohol-einfluss sein
ān-fabln	übermalen, bemalen; jmd. schlecht machen
ān-fäuln mi fäut des ān	anwidern; beschimpfen es kotzt mich an
ān-flaschln	sich ansaufen
ān-fliagn	jmd. provozieren, attackieren
ān-gfressn sein	verärgert sein, beleidigt sein; zuviel gegessen haben
ān-foarn	anschnauzen
ān-griat sein	sehr leicht gekränkt sein
ān-gsandlt sein	mit einer Krankheit ange-steckt sein
ān-gstraat sein	belämmert; betrunken sein
ān-haazn Gemma ane haazn.	anheizen, anzüden Gehen wir eine Zigarette rauchen.

ān-haun um Göd ānhaun	sich anhauen; bitten, betteln, schnorren; sich aufdrängen
ān-hiasln	jmd. anstecken; etwas unge- nau anmalen
ān-glahnt lassen loß mi ānglahnt	jmd. „stehen" lassen Laß mir meine Ruhe!
ān-lassig sein	(sexuell) aufdringlich sein
ān-legn Leg di net mit mia ān!	Kleidung anziehen; Provoziere mich nicht.
Ān-pumperer	Schnorrer, Bettler

Sandler: Heast Oida, leichst ma an Euro?
Passant: Leider, ich hab kein Geld mit.
Sandler: Dann gimma wenigstens an Tschick.
Passant (genervt): Ich bin Nichtraucher.
Sandler (verzweifelt): Trägst mi dann a Stückerl?

Ān-schiawa	Protektor
ān-schoffn	„anschaffen", bestellen, befehlen; auf den Strich gehen
ān-schlädan	viel trinken
ān-scheißn	vor etwas Angst haben, die Hose voll haben, nervös sein

ān-schwafiln	jmd. die Ohren voll reden
Antn	Ente
ān-trenzen	sich besabbern
ān-tschecharn	sich betrinken
Anserschmäh	leicht durchschaubarer Trick
Anserpanier	Festtagsanzug
ån-stiern	neugierige Blicken senden, angaffen
ān-zaan	sich beeilen
ān-zaan wia a Waglhund	
ān-zipfn	etw. nicht ausstehen können
ān-zindn	jmd. verraten
Amtskappl	synonym für die Trägheit, Umständlichkeit der Ämter
Amtsschümmi	Amtsschimmel, s.o.
Årmutschgal	bemitleidenswerter Mensch
Årsch, Oarsch	Arsch, Gesäß
in Årsch gräuln	arschkriechen
mit´n Årsch ins Gsicht hupfm	jmd. aggressiv niedermachen

des is im Årsch	das ist kaputt
Geh in Årsch!	Verschwinde!
sich den Årsch aufreissn	das Letzte geben
I reiß da den Årsch auf!	Ich mach dich fertig!
Ois wos recht ist, åba da	Alles hat seine bestimmte
Årsch gheat in d´ Hosn!	Ordnung.
des is årsch	das ist ganz schlecht
der is a Årsch	So ein Arsch!

Årschkräuler — Arschkriecher, Speichel-lecker

årschlings — von hinten, rückwärts
Schiab mit`n Auto
årschlings zruck.

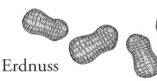

Aschanti — Erdnuss

auf-bakln — (ein Auto) auf Klötze stellen, stützen

auf-blattln — etwas aufdecken; jmd. bloß-stellen

auf-dackln — sich übertrieben stark schminken/unpassend fein und geschmacklos anziehen

auf-drahn — überheblich angeben; etwas einschalten; Gas geben

auffi — hinauf

auf-ganserln — aufstacheln; Intrigen spinnen

auf-ghaut sein	sich in einer misslichen Lage befinden
auf-gschmissn sein	nicht mehr weiter wissen
auf-legn jmd. ane auflegn	jmd. eine Ohrfeige verpassen
auf-mascherln	sich (nicht immer zu seinem Vorteil) besonders herausputzen
auf-pudln	sich wichtig machen, sich aufspielen, sich künstlich aufregen
auf-reißn	sich intensiv um eine intime Zweisamkeit bemühen
auf **Auf-riss** gehn	eine gezielte und vorsetzliche Absicht (meist aufgrund eines dringlichen Verlangens), jmd. „mehr" als nur kennenlernen zu wollen
auf-schtampan	aufscheuchen
auf-schtöln	aufstellen; stürzen, einen Unfall haben; scheitern (bei einer Prüfung)

auf-zwicken	siehe „aufreißn"; flirten, anmachen
aus-baanln	Fleisch vom Knochen ablösen; ein (altes) Auto in seine Bestandteile zerlegen
aus-bochn a ausbochana Bledsin	herausbacken ein vollkommener Blödsinn
aus-buarn der ist ausbuart wia a gsengte Sau	davonlaufen, flüchten er flüchtete so schnell wie ein Schwein, dessen Haut versengt wurde
aus-fåhrn	aus der Haut fahren
aus-fratschln	jmd. neugierig ausfragen
etwas **aus-fressn** aus-gefressn sein	eine Straftat begehen; durch übertriebene Nahrungsauf- nahme dickleibig sein
aus-gfuxt sein a ausgfuxta Hund	jmd., der mit allen Wassern gewaschen ist
aus-gschamt	schamlos, unverschämt
aus-gschissn håbm	Ansehen oder Gunst (endgültig) verlieren
aus-glatscht	ausgetreten (Schuhe, Boden, Stufen etc.)

aus-glengan
der Schnåps glengt fia uns zwa

ausreichen, auslangen

aus-haun

über jmd. in dessen Abwe-
senheit schlecht reden, jmd.
verleumden

aus-hatschn

siehe „ausglatscht"

aus-hoidn
Der låsst si von seina
Oidn aushoidn!

aushalten; für jmd. Lebens-
unterhalt aufkommen

aus-niachtarn

nach einem Rausch nüch-
tern werden

aus-quetschn

etwas auspressen,
jmd. ausfragen

Ausreibfetzn

Scheuertuch

aussa-

Vorsilbe „heraus-"

aussa-bochn

herausbacken

aussa-haun

jmd. aus einer misslichen
Lage heraushelfen

aussa-wuaschtln

sich langsam wieder aufrappeln (aus einer Notlage)

aussa-ruckn

etwas hergeben (müssen)

<u>**auss**</u>**e**, aussi

hinaus

aus-sackln

jmd. um sein
(gesamtes)
Geld bringen

aus-schearn

aus der Bahn
kommen (mit
dem Auto);
etwas
auskratzen

aus-schnåpsn

den Ausgang einer Verhand-
lung dem Zufall des Glück-
spiels (Schnapsen ist ein
Kartenspiel) überlassen;
etwas mit jmd. ausmachen

aus-spüln

ausspielen; beim Karten-
spiel einen Trumpf haben

aus-gspüt håbm

die Gunst verloren haben

aus-stalliarn

kritisieren, herumnörgeln

aus-stiarln

durchstöbern, durchwühlen

aus-steckn

„ausg´steckt": Wenn ein
Weinbauer einen grünen
Reisigbuschen vor die Tür
hängt, um damit zu signali-
sieren, dass er ab sofort seinen eigenen Wein (den
Heurigen) ausschenkt

aus-tråtschn

(ein Geheimnis) ausplaudern

aus-zöhln	„auszählen"; über jmd. hinterrücks geringschätzig reden = ähnlich „aushaun"
Autwachla	Linienrichter beim Fußball
Äulk	Alk, Alkohol
Äuzerl	Winzigkeit
åwahoin	(sich) etwas herunterholen
åwe-laan	etwas sehr schnell, in einem Zug, austrinken

I gib da so a Watschn, dass da deine Bana im Såcktiachl hamtrågn kånnst! - Ich gebe dir so eine starke Ohrfeige, dass du deine Knochen im Taschentuch mit nach Hause nehmen kannst.

Baa   Knochen; Bein
der ist nur no aus Haut und Bana   stark abgemagerter Mensch (durch schwere Krankheit);
wårtn wia a Hund auf d Bana   etwas kaum mehr erwarten können
a narrisches Baa   empfindsame Sehne am Ellenbogen, die auf einen heftigen Schlag mit starkem Brennschmerz reagiert
Banahauffn   magere, knochige Person

Baaz   zähflüssiger Schmutz, Dreck, Schleim

Baazi   gerngesehener Freund, guter Bekannter;
a weana Baazi   im übrigen Österreich abwertend für den „Wiener"

baazn   sich entspannt hinlegen

ba-baa   „Tschüß"
„... ba-baa und foi net"   „Auf Nimmerwiedersehen!"

bacherl-woarm	(angenehm) warm
Båchhendl	Backhuhn
Båcht	allg. für etwas Gebackenes
Båckerbsen	schmalzgebackene Teig-kügelchen; Suppeneinlage
Båchhendlfriedhof	dicker Bauch, imposant herangewachsen unter dem Einfluss des häufigen Back-hendelverzehrs
Bådewaschl	Bademeister, Aufseher in einer Badeanstalt
Baa-fleisch	Beinfleisch
bågadellisiarn	etw. unterschätzen, abwerten
Bag<u>au</u>na	Schweineart, importiert aus dem ungarischen Bakonyer Wald
Bag<u>a</u>sch	Gesindel
Bah<u>öö</u>	Krawall, Geschrei
Bakschisch	Trink- oder Bestechungsgeld
B<u>a</u>llawatsch	Durcheinander, sinnloses Gerede
Bam	Baum

an Bam aufstöön	sich gegen etwas wehren, Widerstand leisten
bamkraxln	auf Bäume klettern
Bámperletsch	(kleines) Kind; Produkt der vergessenen Pille
Bamschabl	giraffenhalsartig gewachsener, langer Mensch
bamschtig	geschwollen, aufgedunsen
Bandlkrämer	Träumer; früher: vazierender Bauchladenhändler
bandarn	basteln, pfuschen
Bángert	uneheliches/flegelhaftes Kind
a **Bangl** reissn o-bangln	sterben
Banlstierer	jmd., der Abfall nach Speiseresten durchwühlt; Leichenfledderer
bari (bare) sein	quitt sein
Barras	Militär, Heer
Bårtwisch	Handbesen
Bass̲ena	Wasserbecken aus Gusseisen, häufig auf dem Gangflur

alter Gebäude; Treffpunkt für HausbewohnerInnen, um Neuigkeiten auszutauschen

Batterl
vgl. Trenzbatterl

Latz für Kleinkinder

**Bauern-
schmaus**

gemischte Schlachtplatte mit Sauerkraut, Knödel und Würstel

Bauxerl

rundliches Kleinkind

Beamtenfuaröln

Beamtenforelle (scherzhaft für österr. Knackwurst, kalt gegessen, damit wenigstens der Magen etwas arbeitet)

Bearsch

Bursche

Beasl

Geldtasche

begeln

bügeln

Behaa

Büstenhalter; Bundesheer (BH)

Beidl

Beutel, Sack

beinänd

zusammen, beisammen

Beivogal

Honigbiene

Beisl	urwienerisches Wirtshaus, Kneipe
Bemmarl	Kügelchen; Vogel- und Mäusekot; Kleinigkeit
bemparn	klopfen, hämmern, Geschlechtsverkehr haben
benzn	ununterbrochen lästig bitten und betteln
Benzinbruada	Autofreak mit auffallend hergerichtetem Auto

bedackln	jmd. vorsätzlich betrügen, anschmieren
Besearlpark	kleine Parkanlage
betonieren i betonia da ane	zur Sau machen jmd. eine kräftige Ohrfeige geben
betropetzt	betroffen, niedergeschlagen
Betschwesta	besonders gottesfürchtige Kirchgängerin
Beugerl	Kipferl, meist mit Nuss- oder Mohnfüllung

Beuschl	Spezialität aus fein geschnittener Lunge, Herz u.a. Innereien vom Rind
Beuschlreissa	starke Zigarette, starker Schnaps
Biachl	Buch, Parteibuch, Ausweis
Biagerl	Hühnerkeule
Bierhansl	im Bierglas zurückgelassener Rest, dann schon meist ausgeraucht und lauwarm
Biertazzarl	Bierdeckel
biezln	mit kleine Sachen herumwerken, aber auch: lästiges, akustisch hochtöniges Bitten und Betteln von Kindern
Billigsdurfa	preisgünstige, minderwertige Ware; Diskonthändler
Bim „Bimm -Bimm!"	Straßenbahn; Tramway, Tram
Bimpf	arroganter, hochnäsiger Schnösel
Bims	altbackenes Brot
bipperln	genußvoll, langsam aber ständig trinken

birnen	prügeln, einander auf die Birne schlagen
birschtln	große Mengen Alkohol verdrücken
Bischkotte	Biskotte; zweifach gebackenes Biskuit, Basis für die Malakofftorte; Löffelbiskuit
Bischof	christlicher Würdenträger; Bezeichnung für den wohlschmeckenden Bürzel beim Huhn
Bissguan	an keinem ein gutes Haar lassende, streitsüchtige Frau
Bietschn	übergroße Kaffeetasse
Biwo	aus dem Tschechischen übernommene Bezeichnung für Bier
blaad	sehr dickleibig
Blådern	Blase, Beule
Blamasch	Peinlichkeit
Blåsn	eine Vereinigung Gleichgesinnter mit regelmäßigen Treffen
Blaukraut	Rotkraut

Blaumaasn	Hämatom; „Blaues Auge"
Blechtrottl	häufige Bezeichnung für störrische Computer (nach vorrangegangener unsachgemäßer Bedienung bzw. Bedienungsversuch)
Blia	Blüte, das Blühen
bliaten	bluten

Bluatwiesn gemma auf d Bluatwiesn	Schlachtplatz Aufforderung, sich vor dem Lokal zu prügeln
Blunzn	Blutwurst, Schimpfwort für eine dümmliche, träge, und unförmige Frau
Blunznstricka	ungeschickter Mensch
Blunznberger	s.o.
Blutza	Kürbis; Schimpfwort für Kopf; Gefäß aus Tonerde
Bochana	Homosexueller
Bockeal Bockealfras	Zapfen eines Nadelbaumes Zustand höchster Erregung
Bockshorn ins Bockshorn jagn	Johannisbrot jmd. einschüchtern

Böflamod	„Boeuf à la mode"; Rindfleisch-Delikatesse
böhmackln	mit böhmischem Akzent sprechen
Bogk	Schuhe
Bodn	auch: Dachboden
bofiln	viel rauchen, nach Rauch riechen
Boin	Ball, Fußball
Bordsta-schwoibm	Prostituierte
an **Boscha** hãbm	einen Dachschaden haben
Bosnigl	boshafter Mensch
Botzn ... a Botzn Haus	viel in jederlei Hinsicht; Geld besonders großes und be- eindruckendes Haus
Bracholda	brachialgewaltiger Fausthieb
Brådhendl	Brathuhn
Bradl	Braten; meist vom Schwein
Bradlfettn	Bratenfett, meist vom Schweinebraten, beliebter Brotaufstrich

Bradlpappm	fettes, rundes Gesicht
bråden	braten; siehe „ān-bråtn"
bradoarscheat sein	ein voluminöses Gesäß haben
Bramburi	Erdapfel, Kartoffel
Brånd	starkes Durstgefühl nach einem Rausch
brandln	Brandgeruch; zahlen; ein Kartenspiel
brausen	duschen
Du kånnst di brausn gehn!	Verschwinde!, Hau ab!
Breckarl	kleine Brocken; kräftig gewachsener Mensch
Breckal hustn	erbrechen, kotzen
Bredl	kleines Brett; Holzteller
Bredljausn	Zwischenmahlzeit auf Holzteller mit Käse, Schinken, Speck, Ei, Liptauer, etc.
bremsln	Jucken und Kribbeln auf der Haut
brennan	brennen; (ungern) zahlen
Bretulie	Bedrängnis, Krise

Briaftaschl	Geldtasche
Brimsen	meist mit Paprika gewürzter Schafkäse
brocken	pflücken
Brösl, Brösal , Bresl	Brösel, fein geriebenes Weißgebäck (Semmelbrösel), meist zum Panieren von Schnitzel
de hãbm kha Brösl Göd	sie haben kein bißchen Geld
bräslad	bröselig
Bresl hãbm	Schwierigkeiten haben
Brodlådn	Brotladen; Mund
do is ma da Brodlådn åwe-gfoin	(enttäuscht) sind mir die Gesichtszüge entgleist
brodln	trödeln, urinieren
Bruad	Brut; starkes Schimpfwort
de	für eine bestimmte Gruppe
elendiche	Menschen, z.B. für die un-
Bruat	beliebte Verwandtschaft
Bruadhen	überfürsorgliche Mutter
Bruckfleisch	aus kleinen Fleischstückchen von Innereien zubereitetes Ragout
Brülla	Prüller; Brillant (-ring)

brunzn	urinieren
Der oide Brunza!	Schimpfwort für einen senilen, inkontinenten Mann
Bschdeck	Besteck
Er håts Bschdeck zspåt bstööd.	Er hat das Besteck zu spät bestellt (Zungenbrecher).
Bsuf	ein Betrunkener; notorischer Säufer

Buarnheutl	Burenwurst; „a Haaße", fette
Buarnhaxn, Buarnhaud, Buarnwuascht	heiße Wurst, ähnlich der Bockwurst
Buchtel	Dampfnudel, warmes Hefegebäck mit Powidl (Zwetschkenmarmelade = Zwetschenkonfitüre) gefüllt, mit Vanillesauce serviert; siehe auch „Wuchtel"
Bucksn	Büchse; Vagina; Hose
bucksn, buxn	aus-, umschütten
aus-buxn	fliehen, ausbrechen
s`Fluchtachterl ausbuxn	das letzte Achterl Wein schnell austrinken
budarn	Körperteile mit Puder versehen; koitieren
buddln	hart arbeiten
Bücha	Dieb; Nichtstuer

Buffn	Revolver
Bugl	Rücken; Gehilfe
buglat	buckelig
bugl-fümferln Du kannst mi buglfümferln.	„Rutsch mir den Buckerl runter"; „Du kannst mich mal im Mondschein besuchen!"
bugl-kraxn	huckepack tragen
bum- bum-fest bum-zua	Vorsilbe für „sehr", „stark" sehr fest sehr betrunken sein
bummeln	trödeln; gemütliches Shopping
Bummerl Ana hot imma des Bummerl.	Verlierer beim Kartenspiel Einer muss immer verlieren.
Bummarlzuag	ein Zug, der in jeder Station stehen bleibt und daher nur langsam weiterkommt
Bummerlsalat auch Tschapperlsalat	Eis- bzw. Krachsalat
Bumstinazl	Ausruf der Überraschung
bunkat	klein, gestaucht
Buri	Lauch

Eam hängt da
Buri aus da Hosn.

von der phallusartigen Form
des Lauchs abgeleiteter
Spruch

Bu<u>a</u>rli   kleiner Bub

B<u>u</u>sara   Autounfall,

Zusammen-
stoß

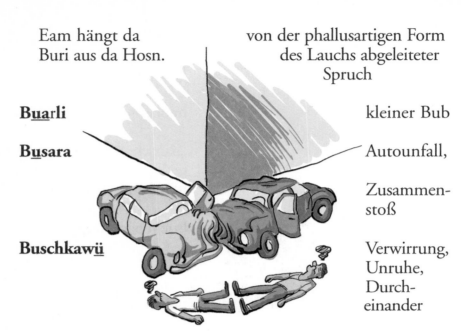

Buschkaw<u>ü</u>   Verwirrung,
Unruhe,
Durch-
einander

Buschn   Blumenstrauß;
Heurigenbuschen siehe
„ausgsteckt"

Buschnschank   Heuriger

büseln   einnicken, kurz schlafen

buser<u>i</u>an   jmd. bedrägen, nötigen

Busserl, Bussi   kleiner Kuß

Busserl   kleine runde Plätzchen,
z.B. Kokos-Busserln

Butz   Kerngehäuse von
Apfel oder Birne

Butzerl   Baby

Auf an Bankl huckt a Dirndl mit ana trenzatn Diwanwoizn und woart auf ihrn Hapschi. - *Auf einer Parkbank sitzt eine junge Frau mit einem sabbernden Schoßhund und wartet auf ihren Freund.*

Dåchhås — Katze

Dåchtl — leichtes, meist liebevolles, Kopfstück

Dacken — Matte, Fußabstreifer
auf da Dackn liegn — am Ende sein

da-fångn — sich erholen, aufrappeln

da-glängn — etwas erreichen (im Beruf), etwas gerade noch erwischen können (z.B. hochgewachsene Früchte)

da-packn — etwas zuwege bringen

da-wäu — inzwischen, währenddessen

da-zahrn — ziehen (können)

däderln — kindisch sein

Dämpfa	Rückschlag, seelischer Schlag
Dätschn	Ohrfeige
dåilkert	dumm sein, sich dumm stellen, blödeln
Dam	Daumen
damisch	benommen
Dåmpf	Hunger, Kohldampf; Rausch
Dåmpfl	Germ mit Milch und Zucker, Teigbasis für Germspeisen
Dåmpfnudl	Hefeteigspeise mit Vanille-sauce
Dåmpfplauderer	Aufschneider; einer, der das Blaue vom Himmel erzählt
Datschkerl	gefüllte Teigtasche
Dauaköch	langfristiges Zerwürfnis
Debreziner	Knackwurst (in Deutsch-land)
Deckl	Hut, Führerschein, Ausweis einer Prostituierten
deikseln	etwas in Ordnung bringen
i wer des schon deiksln	

Deitta an Deitta gebm	Deuter; Schlaganfall; Hinweis, Wink; Stoß
Deka	Dekagramm,10g = 1dag
deppat der is ja so deppad	dumm, blöd
deppmsicha	trottelsicher
Depscha	Schlag, Stoß; Dachschaden; seelischer Einbruch
deschparat	verzweifelt, traurig, erschrocken
Dillo	Idiot
Dioptrin-Otto	Brillenträger
Dirndl	Mädchen; Trachtenkleid für Frauen; aber auch: die Kornellkrische und das dar- aus gewonnene Alkohol- destillat (Schnaps)
Dirre	getrocknete, gedörrte Wurst, Räucherwurst
Dibbl	Beule
Ditsch	leichter Schlag; träger Mensch; s.a. „Depscha"

ditschad	dumm, blöd
ditschkaln	siehe „schuastern"
Diwan	Liegesofa
Diwan-Woizn	Schoßhund
doda	hier
Dodalotsch	Dummkopf, Feigling; träger, fauler Mensch
Dodl	Trottel
dögln	verprügeln, schlagen
Döln	Delle
Dolm	Dummkopf
doppeln	Schuhe neu besohlen
Doppler	eine Doppelliterfalsche Wein
dortn, durtn	dort
Dotsch	träger Mensch; Streit; Kleinkind
Dotschn	etwas unförmig Breitgedrücktes zum Essen; große Hand

Dotter	Eigelb
Drahdiwaberl	Kreisel; jmd., der orientierungslos im Leben umher irrt/im Kreis gehen
Drahrer	Nachtschwärmer; jmd., der nächtens lange außer Haus bleibt; Zechbruder, Saufbruder
drahn	ausgehen, einen draufmachen
Dråhtesel	Fahrrad
draussd(n)	draußen
Dreckshåckn a Dreckshåckn ausgfasst håbm	Schmutzarbeit ein unangenehme, widerwärtige Arbeit zugeteilt bekommen
dreiñ-haun	energisch durchgreifen
dreiñ-foarn	eingreifen (Streit, etc.)
dreiñ-pfuschn	sich unaufgefordert einmischen
dreiñ-redn i lass ma vō dir nix dreiredn	dazwischenreden; ich brauche deine Ratschläge nicht

Drek, Dreg	Dreck, Schmutz, Kot, wertloses Zeug;
des geht di an Drek ān	das geht dich einen feuchten Kehrricht an
der vasteht an Drek	der kennt sich nicht aus
an Drek werd i des tuan	das mache ich sicher nicht
es lochts wegan jedn Drek	ihr lacht über jeden Unsinn
a klana Drek	ein liebes, kleines Kind
Drekssau, Drekfink, usw.	Schmutzfink
Drekschleidan	Dreckschleuder, jmd., der über andere schlecht redet
Drekbemmal, -wutsal	Kotkügelchen

drentn, drenta	drüben,
duat drentn	auf der anderen Seite
drinnat, drinnig	drinnen
driwa	drüber, darüber, jenseitig
driwa-foarn	überfahren;
i bin eam iwas Mäu driwagfoarn	ich habe ihn zurechtgewiesen
Da Postla is iwa mei Oide driwagfoan.	Der Briefträger hat mit meiner Alten geschlafen.
driwa-låssn	Geschlechtsverkehr zulassen
si hat eam driwalåssn	sie hat sich ihm hingegeben
driwastrahn	darüberstreuen
Driwastrahra	Speise oder Getränk zum Abschluss einer Mahlzeit

im **Driwastrahn**	so einfach im Vorbeigehen
drobm, drobmad	droben, oben
druckn	drücken, drucken
ea liagt wia druckt	er lügt wie gedruckt
sich druckn	sich aus dem Staub machen
owedruckn	den Preis herunterhandeln
jmd. ane druckn	jmd. eine Ohrfeige verpassen
an o-druckn	einen Darmfurz lassen
drunta, druntn, druntig	darunter, unter, unterhalb
duachi	hindurch
duatn	siehe „dortn"
Duchat	Oberbett
dudeln	Variante des Jodelns; saufen
Dulliöh	heiteres, manchmal hemmungsloses Treiben unter Alkoholeinwirkung; Rausch
Duarchhaus	Haus mit zwei gegenüber liegenden Eingängen; reges Kommen und Gehen
Düwe	Dübel, Zapfen zum Verankern von Schrauben; schlimmer Bub
düwin	dübeln; schlagen, prügeln

Von an eigschpritzten Einedraher låß i ma kane Ezes gebm. - *Von einem betrunken Angeber lasse ich mir keine Ratschläge geben.*

eh   sowieso, ohnehin
   Eh kloa!   Sonnenklar!

ei-bråtn   jmd. herumkriegen wollen

Eiernockerl   etwas größere Spätzle mit
                                verquirrelten Eiern

Eierspeis   Rührei

Ei-fåhra   schmerzlicher Mißerfolg,
                                Schlappe

ein-foarn   eine schlechte Erfahrung
                                machen

eina-   Vorsilbe für „herein"

ei-nahn   unerlaubt aneignen;
                                ins Gefängnis sperren

Ein-brenn   angeröstetes Mehl in Fett
                                mit Wasser, Suppe, Wein

oder Milch aufgegossen,
zum Eindicken von Saucen
oder Gemüse;

ans **Eingemachte gehn**	es geht an die Substanz
ein-gschpritzt	betrunken
ein-haun	sich einschleimen; gierig und in reichen Mengen essen
ein-kochn	jmd. trickreich oder ausgefuxt überzeugen
eine-theatern	sich übertrieben in etwas hineinsteigern

eine-druckn
wem ane einedruckn   jmd. eine Ohrfeige verpassen
a Gschichtl einedruckn   jmd. einen Bären aufbinden

eine-tretn   hintreten
wen eine-tretn låssn   jmd. täuschen

Einedrahra   Angeber

Einefetza   s.o.

Eineraunza   Schmeichler

eine-schuastarn   Geld investieren
de habm in des oide Haus
an Hauffn Göd eine-gschuastat

Einspänner	1. Pferdefuhrwerk mit einem Pferd
	2. Ein Stück Frankfurter oder Wiener Würstel
	3. Kaffeespezialität
einstweun	währenddessen
ein-saafn	einseifen; besiegen, übertrumpfen; jmd. (gaunerhaft) zu etwas überreden
ein-schneidn	einschneiden; beim Essen kräftig zulangen
ein-tunkn	eintauchen (z.B. Kipferl in den Kaffee); jmd. in eine Sache mithineinziehen
ein-weimperln	einschmeicheln
ein-werfn	gierig essen; Tabletten nehmen
eisserln	mit einem Hund ins Freie gehen zwecks Verrichtung der Notdurft (des Hundes)

Eitrige	Käsekrainer (Wurstspezialität)
Engelmåcharin	früher: Helferin bei illegalen Abtreibungen
entrisch	unheimlich
Erdapfel	typisch österreichische Bezeichnung für Kartoffel; siehe auch „Bramburi"
ees Ees sads owa spåt kumma.	ihr; pers. Fürwort, Mehrzahl Ihr seid aber spät gekommen.
etla	etliche
Extrawuascht	feine, kranzförmige Wurst aus Rind- und Schweinefleisch; auch Pariser; Rheinische Fleischwurst
Moch kane Extrawiaschtln!	Musst du immer Sonderwünsche haben!
extrig extriger Sasserer	besonders, extra extra Trinkgeld
Extrigkeit	Besonderheit
Ezes gebm	Ratschläge erteilen

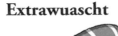

Den Fenstaschwids könnens Ihna ghaltn, der schmeckt wia eigschlof-
fane Fiass. - *Ihr abgestandenes Bier können Sie behalten, es schmeckt
wie eingeschlafene Füße.*

fad langweilig
  s fade Aug hābm unausgeschlafen aussehen

Fadian Langeweiler

Fadigkeit Langeweile

fadisiarn sich langweilen

Fadl Ferkel, unsauberer Mensch

Fådn Kälte, Zwirn
  heit håts an heute ist es besonders kalt
  muards Fådn

Fahne starker Mundgeruch
    nach Alkohol

fåhrn, foarn fahren
  mit dem bin i gfoarn dem hab ich´s gezeigt
  Fåhr oo! Verschwinde!
  Foama, Eia Gnodn! „Fahren wir, Euer Gnaden"-
    i.S. von „Es kann losgehen"

Fålscher Fufzger	jmd., dem man nicht unbedingt trauen sollte
farbeln	etwas (lieblos) anfärben, streichen
Faschiertes Faschiertes Laberl	Hackfleisch Bulette, Frikadelle
Fåschingskråpfen	Germgebäck, mit Vanille oder Marillenmarmelade gefüllt
Fasslreida	jmd. mit O-Beinen
fäuln	stinken, scharf riechen; s.a. ån-fäun
Fäustl	kleiner, schwerer Vorschlaghammer
Faustwatschn	Ohrfeige mit der Faust
Faxn Faxn måchen	Blödsinn nichts als Blödsinn im Kopf haben
feankeln	etwas mit dem Messer (ungeschickt) abschneiden
Fearschn	Ferse
Fechta	Bettler

fechtn	anbetteln
Federn hãbm	Angst haben; über- respektvoll die Finger von einer Sache lassen
feind	feindselig sein, böse, verärgert
Na, heit samma wieda feind!	Na, heute sind wir mal wieder schlecht gelaunt.
Feinspitz	Feinschmecker
Fenstagucka	jmd., der vom Fenster aus das Geschehen auf der Gasse, im Hof oder in/an den Fenstern des gegenüber- liegenden Hauses beobach- tet; Voyeur
Fenstaschwids	ausgerauchtes oder abge- standenes Bier
Feidl	Klappmesser, Taschenmesser
fesch	modisch, gut aussehend
Des is fesch!	Hervorragend
Nã fesch!	Trauriges Erkennen einer Tatsache.
Feschak	gutaussehender, modisch gekleideter (eingebildeter) Mann

Feschität	Attraktivität
fett	auch: betrunken
Fettn	das Fette bei der Nahrung

Dem hängt d`Fettn
üba d´ Hosn.
In da Fettn ...

Dem hängt der Bauch
über den Hosenbund.
In diesem speziellen
alkoholisierten
Zustand tut man
oft Dinge, die
man am nächsten
Tage bereut oder gar
nicht mehr weiß.

fetzn	kaum lesbar schreiben
Fetzn	Lappen, Tuch; Rausch; Ausweis; schlechteste Schulnote
Fetznlawarl	von Kindern aus alten Stoffen gefertigter Fußball
Fetzntandler	Stoff- und Bekleidungshändler
Fetznschädl	Dummkopf
Fetzinger	s.o.
fia	für

de Tropfm san guat
fian Huastn

die Tropfen wirken gut
gegen Husten

Fiaka, Fiaka	Fiaker - die traditionelle Pferdekutsche in Wien, Bezeichnung für das Fahrzeug wie für den Kutscher

fiatig	fertig
Fidl	Violine, Geige
fibern	etwas ungeduldig erwarten oder begehren
fickrig sein	unruhig; das drängende Herbeisehnen intimer Zweisamkeit
Fimml	Tick, Hobby, Marotte
fingerln	Petting
fischeln	intensiv nach Fisch riechen oder schmecken
Fisolen	Grüne Bohnen
fizeln, fuzeln	klein auch unleserlich schreiben, mit kleinen Dingen vorsichtig hantieren, genau und übervorsichtig arbeiten
flacken hin-flacken der håt ma ane gflackt umanånda-flackn	träge und faul herumhängen in der Alltagskleidung rasten ... eine Ohrfeige verpasst träge und faul herumhängen

fladern	stehlen
flan<u>ie</u>arn	ziellos herumspazieren
Flankerl es flankerlt a bisserl	kleine Flocke es schneit ein wenig
Flåschn å-flåschna	Falsche; Ohrfeige Ohrfeigen austeilen
Flausn	dumme Angewohnheiten
Flaxn	Flachse, Flechse, Sehne
Fleck	Geld; Nichtgenügend auf eine Prüfung
Fleckeal	Stoffrest; Teigware
Fleckealteppich	aus Stoffresten gewebter Teppich
Flinseal	Flitter; kleiner Ohrring
Flitscherl	leichtfertiges Mädchen mit hohem Männerkonsum
Flohbeidl	unverlässlicher Mensch; ungepflegter Hund
flötengehen	verlorengehen, flüchten
Flucht-achterl	Abschiedstrunk vor dem Nachhausegehen

fludriwudri	flatterhaft, schlampig
flutschn	entgleiten, vorbeihuschen
Foam	Schaum, Bierschaum
Foamnudl	Schaumrolle
in **Folio**	„wie es im Buche steht"
a Oarschloch in Folio	ein Arschloch, wie es …
Fotz	Mund
an Fotz ziagn	beleidigt den Mund ver-
an Fotz måchn	ziehen
Fotzen	Ohrfeige
fotzn	jmd. eine aufs Maul hauen
Fotzhobel	Mundharmonika
Frankfurter syn. Wiaschtl	Wiener Würstel
Franziskaner	Kaffeespezialität mit viel Milch, Schlagobers und Schokostreusel
Franzos	verstellbare Schraubzange; Franzose
fratscheln	ausfragen
Fratschlarin	schwatzhafte Frau
Fratschla-goschn	großes Mundwerk
Fråtz	ungehorsames Kind

Fraunkäferl	Marienkäfer
Freindeal-wiartschoft	Amigowirtschaft
Fressalien	Sammel-begriff für alles Essbare
Friedhofsjodler	Raucherhusten
Frießling	Vielfraß
Fridatten	Frittaten (in Streifen geschnittener Pfann-kuchen, sehr beliebte Suppeneinlage)
Frischgfängta	Neuling; Angestellter auf Probezeit
frettn, gfrettn	sich abmühen
Frontal-busara	Frontalzusammenstoß
frozzeln, frodzln	foppen, verarschen
Fuarchnscheissa	Furchenscheißer; Landwirt
fuadan	füttern
Fuaß, de Fiass jmd. Fiass måchn des schmeckt wia eigschloffene Fiass de Fiass aufstön	Fuß, Füße jmd. antreiben das schmeckt langweilig „Missionarsstellung"

fuarzn	hörbar furzen
fuawerkn	fuhrwerken; (dilettantisch) herumarbeiten
Fuchtel	streitsüchtige Frau
fuchtig	wild, zornig, erbost
fuchtln	hektisch mit den Händen oder mit einem Gegenstand hin und her winken
Funserl	kleines, schwaches Licht
Funsn	hochnäsige, einfältige Frau
futsch	kaputt, verloren, weg
Fülz	Filz; Bauchfett (Schweinespeck)
fülzen	durchsuchen
a **Fülzpappm** hãbm	mit trockenem Mund nach durchzechter Nacht erwachen
fuxen	sich giften
des fuxt mi åba	das ärgert mich
Fuzerl	Kleinigkeit; Stoff- oder Wollrest
Fuzzi	lächerliche Person

„Was glaubn`S denn, mit wem Sie redn? Bei mia reißn´S ka Leiwal mit so ana Goschn!" - ... *mich können Sie nicht beeindrucken mit ihrem Mundwerk.*

	Gaas	Ziege, dumme Frau
	gach	plötzlich, jäh
	gachblond	strohblond (meist durch Wasserstoff)
	Gachbrunza	inkontinenter/impotenter Mann
an	**Gachn kriagn**	zornig werden (Jähzorn)
	Gadsch, Gatsch „Hupf in Gatsch und schlog a Wöln!"	Morast, Dreck, Kot Hau ab!
	gadschn	ununterbrochen reden, schwätzen; ungustiös essen
	Gadschn	schwatzhafte Frau
	Gagarilla	Durchfall

gacken	kacken
Gackaritis	Durchfall
gagerlgöb	schreiend gelb
gamsig, gamsich	lüstern, geil
Ganauser	Gänserich
Gång	Hausflur
Gankerl	kleines Schlitzohr; aber auch Tod, Teufel, Krampus
Gansl	Gans
gansearln	verraten; angeben; sekkieren
Gansearlwein	Wasser
Garsonjär	„Garçonniere", Einzimmerwohnung
Gassi gehn	den Hund ausführen
Gattihose Gattinga	lange, weiße Unterhose für Männer (ohne Sexappeal)
Gaudee, Gaude	Spaß, Vergnügen
Gedua	Getue, Aufsehen
Gei	Territorium, Gehege, Kompetenzbereich, Revier

ins Gei kumman	in jmd. Revier kommen, jmd. in die Quere kommen
geigeln	schwanken, torkeln
geil	zu fett oder zu süß (Speise); lüstern; super, sensationell
Gemma!	Gehn wir jetzt?!
Germ	Hefe
Germknödl	Mehlspeise aus Hefeteig, mit Powidl gefüllt, mit Mohn und Staubzucker und heißer Butter
Gersch**tl**	Geld; Hautunreinheit in der Nähe des Auges
gestrich, gestrig	gestern
Gewurl	hektisches Durcheinander, Menschenansammlung
gfüd	gefüllt; dick, schwanger
g-fäult	verfault
g-fernzt	gemein, boshaft, mit allen Wassern gewaschen

Gfikeat	unruhiges Kind
ge-**finkelt**	durchtrieben, schlau
gföd	verfehlt, falsch
Gfrast gfrastig	boshaft hintertriebener Mensch
Gfrastsackl	ungehobelter Flegel
Gfrett	eine Problemsituation, wobei Wiener gerne dazu neigen, (kaum lösbare) Schwierigkeiten fatalistisch hinzunehmen (z.B. in Rahmen eines Heurigen-besuches)
g-frettn	sich resignierend mit etwas abfinden
Gefria gfriarn	Kälte, Frost; Gefriertruhe
g**ehupft** ghupft wia gschprungan	gehüpft egal wie, es ist immer das Gleiche
Gfries	abwertend für: Gesicht
Gfruans	Gefrorenes, Speiseeis
Gheatsi	Benehmen, Anstand

Ghüf	Gehilfe
Giaßkändl	Gießkanne
gicksen	hohe Töne von sich geben; fiepen
gidschn	anstoßen, beschädigen; schwängern
Gieral	raffgieriger Mensch
giftig	zornig
giften	sich über etwas ärgern
Gifthansl	leicht erzürnbarer Mensch
Giftler	Drogensüchtiger
Giftnigl	boshafter Mensch
Giftnudel	Zigarette, Zigarre
Gift-schipperl	widerspenstig wegstehende Haare, Haarwirbel
Gigerer	Pferd; Pferdefleischhauer
Gigerl	nach dem letzten Schrei gekleideter Mensch, Schnösel

das **Geimpfte**
Do geht ma des
Gimpfte auf.

Übertriebener Ausdruck für einen sehr ärgerlichen Umstand, der das Blut in Wallung bringt.

Gimpl
er håt an
Gimpl
gschlickt

Vogelart; siehe „Feschak"; Trinkernase

Gizzi

Zorn

Glåtzata

Glatzkopf

glåtzat
a glatzata Autoreifn

glatzig, glatt
... mit abgefahrenem Profil

g-lenga

gelangen, auskommen, aus reichen

g-losn

glimmen

Glosscheab**mviartl**

Glasscherbenviertel; verrufener Teil eines Bezirkes oder einer Stadt

Glumpat

wertlose oder kaputte Sachen; Ausruf, wenn etwas nicht gleich so funktioniert, wie man will

gluar**n**

anglotzen mit Glupschaugen

gmiatlich — gemütlich, bequem, angenehm; sprichwörtlich für das „Weana Gmiat"; siehe auch „Weana Gmiatlichkeit"

g'nä ...
„G´nä Frau"
Gnädigste, Gnädiche — charmante Abkürzung von „Gnädige Frau", (höfliche, demutsvolle Anrede)

Gnack — Genick

gnädig
I hobs gnädig. — ich bin im Stress/in Eile

gnaschtig — dem anderen nichts vergönnend; naschhaft

Gneißa
Blitzgneißa
gneißn — jmd., der den Durchblick hat = Turbo-Gneißer (ironisch) etwas sofort richtig erkennen

goarschtig — garstig

Gogerln — Eier, Hoden

Goi, Goal
a Goi schiassn — Fußballtor ein Tor schießen

Goischani — jmd., der den Ball wieder zurück ins Spiel bringt

Goischtängn-brunza — unfähiger Tormann

goidan   golden
  „Goidanes Wean"   „Goldenes Wien"
  des „Goidane Weana Hearz"

gö?   gelt?, gelle?; nicht wahr?

Gööd   Geld
auch: Zwirn, Maut (Trinkgeld), Marie, Knöpf, Netsch,
Schotter, luckerter Heller (Münze mit Loch), Fetzn, Flockn,
Moos, Kreizerln (Kreuzer), Alpendollar, Schlei (ehemals für
Schilling), Gerschtl, Knödl, Moneten, Knofl, Buifa, Gips,
Kitt, Laschi, ...

Göd   Pate, Firmgöd

Gössn   Gelse, Stechmücke, Schnake

Goderl   leichter Fettansatz am Hals,
                                                   Grützbeutel
  jmd. das   symbolisch für: jemandes
  Goderl kratzn   Gunst erlangen wollen

Gössamuskel   „Gössermuskel" (nach einem
                                                   beliebten österreichischen
                                                   Bier benannter Bierbauch)

Goiserer   schwere Bergschuhe mit
                                                   griffigem Sohlenprofil

Golatschen   Spezialität aus Plunderteig,
                                                   meist gefüllt mit Topfen
                                                   (Quark)

Goscherl   zärtlich für Frauenmund

goschert	frech, aufmüpfig
Goschn	abwertend für: Mund
Gråbler	jmd., der Frauen gerne abgreift
gråbln	krabbeln, mit den Händen unsicher oder lüstern herumhantieren
grådbiagn	geradebiegen; ein Problem wieder ausbügeln
Gradn	Fischgräte, sprödes, sperriges Weib
gråda Michl	ehrlicher, direkter, offenherziger Mensch
Graffl, Graffi	wertloses Zeug
Grafflwear	wertloses Zeug
Grahamweckerl	Gebäck aus Weizenvollschrot
Grammel	ausgebratene Speckwürfel, Griebe; Hure
Grammelbogatscherln	Teigspeise mit Fettgrieben
Grammelknödl	Griebenklöße
gråmpat	herb, alles andere als höflich

Gram<u>u</u>ri	Gerümpel; auch „Kramuri"
då spüts **Gran<u>a</u>da**	jetzt wirds ungemütlich, jetzt kommt Ärger auf
gr<u>a</u>ntig	schlecht gelaunt
grantln an Grant håbm	sich missmutig und herzhaft über alles beklagen, aber dabei nichts verändern können oder wollen
Grantschearbm	stets übelgelaunter Zeitgenosse
grapschen	heimlich etwas stehlen; ausgreifen
Grås	Hanf ...
Grass	Reisig, dürre Äste
Gråshupfa	Heuschrecke
gråsn	weiden
gråtn	etwas ist gut gelungen; etwas erraten
Grätzl	Umfeld, Gemeinschaft; Kietz
Granosta, Kranosta	ungepflegter Mensch

Grausbirne
   do steign ma de
   Grausbirn auf

Wut, Zorn oder Schrecken
werden unerträglich

grawutisch

zornig, böse

grean

grün, beschissen

Greana

„Grüner"; Angehöriger
einer politischen Partei;
Polizist; Anhänger des FC
Rapid; Ökofreak oder Alter-
nativling; Finanzbeamter;
wenig vertrauenerweckende
Person

Greanzeig

Grünzeug; junge Menschen

Gerebelta

handverlesener Wein

Greifenberga

Taschendieb

greina

weinen; schimpfen

Greißla

Greißler; Gemischt-
warenhändler

Greißlerei

kleines Lebensmittelge-
schäft, das meist auch
Waren aller Art führt

Griachal

Geruch, Duft, Gestank;
s.a. „Kriachal"

griasln	Schneeregen, Graupelschauer
Griaß-di!	Grüß dich!
Griaß	Gries; geriebener Weizen oder Mais
noch dem is´s a **Griss**	er ist sehr begehrt
Griffel Griffeln	Finger, Schreibgerät zudringliche Hände
Grind, grindig	Schmutz, schmutzig; minderwertig
Grippel	Krüppel
Grischpindal	magere, schwächliche Person
griaslat	feinkörnig
Groschn	100 Groschen = 1 Schilling; (österr. Währungseinheit vor der Euro-Einführung)
Großer Brauner	große Tasse Kaffee mit Obers (Sahne)
großgoscheat	prahlerisch
großkopfat, großschedlat	eingebildet, arrogant, hochnäsig; einflussreich
Gruabn	Grube, Grab

Gruft	Treffpunkt und Übernachtungsmöglichkeit für Obdachlose, 7. Wr. Bezirk
Grufti	(je nach persönlicher Betrachtung ein „älterer" Mensch, mal über 30, über 40 oder in der Altershierarchie knapp vor der Verwesung

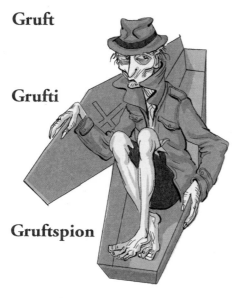

Gruftspion	jmd., der hager und schlecht aussieht/mit einem Bein im Grab steht
grundln	im seichten Wasser schwimmen
umadum-grundln	so dahin leben
g-soizn	gesalzen
gsoizane Preise	übertrieben hohe Preise
Gsangl	gesungenes, kleines Lied
Gsatzl	Absatz, Strophe
gschaftig	geschäftig
Gschäft	Geschäft
a G´schäft verrichten	seine Notdurft verrichten
Gschaftlhuaba	Wichtigtuer
gschamig	schüchtern

Gschamsterer	Freund, Liebhaber
Gschamsta-diena	„Gehorsamster Diener" (alte Bezeugung der Dienstbeflissenheit)
gschasst	hinausgeworfen, gekündigt
Gschau	Blick, Gesichtsausdruck
gscheckat	gefleckt, scheckig

Gscher
  moch ka Gscher
  wegn de poa Netsch
	Aufsehen, Ärger
	mach kein Aufsehen
	wegen diesem kleinen Geldbetrag

Gscherta	von „geschoren"; abfällig für Landbewohner
Gschichtl	unwahre, übertriebene Erzählung eines Gschichtldruckas
Gschichtldrucka	Angeber
Gschisti-Gschasti	unnötiger Aufwand für eine Sache
Gschläder	abgestandenes Getränk, meist für Bier (= „Hansl")
gschlaucht	fertig, überanstrengt sein
gschmackig	geschmackvoll

gschmoizn	teuer
Gschnåda	Geschnatter
Gschnas	Kostümfest, Ball
gschpånnt i bin gschpannt des hob i jetzt gschpannt	ich bin neugierig; das habe ich durchschaut
gschnecklat	gelockt (Haare)
Gschpass	Spaß, Amüsement
Gschpassettl	unangebrachter Spaß
Gschpasslawealn	weibliche Brüste
Gschpeiblat	Erbrochenes
Gschpritzter	hochnäsiger, pseudo-nobler Mensch; Wein mit Soda 1:1 aufgespritzt (Schorle)
Gschpusi	Liebschaft, Flirt, Affäre
Gschraa	Geschrei
Gschraatsn	Kinder
Gschråpp	Kleinkind
gschtaucht	klein aber kräftig gebaut

Gschtanzl	gesungener 2 - 4-zeiliger Scherzreim
Gschteaml	kleingewachsenes Kind
Gschtettn	Müllplatz, nicht genutzte Fläche, Brachland
gschtölt sein	rechtzeitig zur Stelle sein
Gschtö a gstöts Mannsbüd	Gestell; Figur, Gestalt ein gutgewachsener, attraktiver Mann
gschtopft a Gschtopfter	reich ein reicher Mensch
Gschtudierta	Scherzwort für: Akademiker
gschupft der „G'schupfte Feardl"	ausgeflippt, extrovertiert, aussergewöhnlich, heiter Wiener Kultfigur aus dem Kabarett der 50-ger Jahre
Gschurlwear	hektisches Treiben
gschwoiln	geschwollen; umständlich/ hochtrabend
Gschwuist	Geschwulst
Gschwafel	oberflächliches Gerede
Gsiwalwear	mindere Leute/Gesellschaft; auch wertloses Zeug

gsengt foarn wia a gesengte Sau	versengt, verbrannt; schnell fahren, wie eine angesengte Sau
gsetzt	seriös
gsöcht	geselcht, geräuchert
Gsölchts	Geselchtes; Räucherfleisch
Gucka	Fernglas, Operngucker
Guckearln Gucki	liebevoll für: Augen
Gugaschecken	Sommersprossen
Guglhupf	Napfkuchen; scherzhaft für die Wiener Nervenheilanstalt
Gugl	Kopftuch; Kaputze
Gulasch	Gulyas, Paprikafleisch (meist aus Rindfleisch und mit viel Zwiebel, stark gewürzt)
Gulaschsuppe	dem ungarischen Gulyas vergleichbares Gericht
Gummi	häufig auch: Kondom
Gummiådler	spöttisch für: Brathuhn
Gupf	mit einem Schöpflöffel halbkugelförmig auf den

Teller platziertes Gericht/
Beilage

Guarkn Gurke; blöde Frau; Mobil-
telefon

jmd. de Guakn gebm im Fußball dem Gegner den
Ball derart zuspielen, dass
dieser ins Straucheln kommt;
auch: jmd. eins auswischen/
zeigen, wo´s lang geht/jmd.
gewalttätig bedrohen

Gusch! (Kusch!) Halts Maul!

gustieren kosten, ausprobieren/-wählen

Gusta Appetit

gwaan aufdrehen, aufbiegen

Gwåndlaus zudringlicher, unzüchtig
handgreiflicher Mensch

gweissingt mit weißer Farbe frisch aus-
gemalt

Gwurl heftiges Durcheinander bei
einer Ansammlung vieler
Menschen

Gwürznagerl Gewürznelke

Gwiaxt verzwicktes Problem

A Peitscherlbua hawat a Buanhaut, stått dåss er seine Huren haut. -
Ein Zuhälter isst eine Burenwurst und vernachlässigt inzwischen die
Dispziplin seiner Prostituierten.

H<u>aa</u>ße   siehe Buarnheutl (wird meist
                                                 am Würstlstand gegessen

h<u>aa</u>ß   erzürnt

Hapfn   Bett
   i hau mi in d`Hapfn   ich lege mich ins Bett
   Gemma in d`Hapfn.   Gehen wir schlafen!
   der wår mit meina   er hat mit meiner Frau/
   Oidn in da Hapfn   Freundin geschlafen

Hår-weh   „Haarschmerzen",
                                                 Kater nach über-
                                                 mäßigem Alkohol-
                                                 konsum

Hawed<u>e</u>hre   „Habe die Ehre"
                                                 (ein Gruß)

H<u>a</u>berer (Hawara)   Freund, Kumpel

h<u>a</u>bern (hawern)   essen

Habschi	siehe „Haberer"
Hachl	Gemüse-, Gurken- oder Küchenhobel; auch: Haue zum Auflockern des Bodens
hackeln	arbeiten
Håckn	Hacke; Arbeit, Arbeitsplatz
håcknstaad	arbeitslos
Hådalump	Gauner, Schlitzohr
Hådarn	Lumpen; allg. für: Altes, Ausgedientes; Schnee von Gestern; alter, erfolgreicher Song
Häfn	Gefängnis
Häferl	Tasse
Häferlgucker	Feinschmecker; einer, der neugierig in die Kochtöpfe guckt
Häferlkaffee	Kaffee mit sehr viel Milch/ und Schlagobers; früher auch mit Zusatz aus Feigen, Malz
hätscherln	liebkosen, umsorgen

häu (-li)	eisig, rutschig
häulig	heilig
Häusl	WC
Häusltschick	Zigarettenkippe in einer WC-Muschel; Schimpfwort für einen heruntergekommenen, ungustiösen, ekeligen Menschen
angsoffn wia a Häusltschick	einem Badeschwamm gleich mit Alkohol durchtränkt sein
Häuslråtz	besonders heruntergekommene Hure
Haftl	Drahtspange, Drahtklammer Drahthäkchen als Kleiderverschluß
aufpassn wia a Haftlmocha	sich interessiert, konzentriert mit etwas auseinandersetzen
haglich	heikel
Halamasch	Halimasch, eßbare Pilzart
Halawachl	unverlässlicher Mensch, siehe „Hallodri"
håilba (hoiba)	halb; meist: halbe Stunde
Hallo	Aufsehen, buntes Treiben
des wår a Hallo	

Hall<u>o</u>dri	Tunichtgut, Herumtreiber
hoid	eben, so, daher, deshalb
holt s zamm!	sei ruhig!, gib Frieden!
hamdrahn heit drah i mi ham der keaht hamdraht	töten, umbringen heute begehe ich Selbstmord er sollte umgebracht werden
Håmma håbm des is a Håmma	einen Dachschaden haben „das ist ein Hammer", das ist sensationell
Hamsterer	jmd., der raffgierig Vorräte anlegt
hamsuachn	jmd. heimsuchen; besuchen; einen Krankenbesuch machen
Ham<u>ua</u>r	Humor
Handgua<u>r</u>kn	Handy, Schnurlostelefon
H<u>ã</u>ndkuss zum Handkuss kommen	siehe „Küss die Hand" etwas Unangenehmes erfah- ren müssen
Hangerl	Geschirrtuch

Hansl	schaler Bierrest im Glas
hansln	hänseln
hantig	herb, bissig (Wortwahl)
happarn	scheitern, an etwas fehlen
Happearl	eine schnelle Nummer, Quickie
Happl	Kopfsalat, Krauthappel; abfällig für Kopf
haab sein	böse/beleidigt sein
Haring	Hering; dürre Person
Hås	Hase; hübsches Mädchen
Hascherl	Traumichnicht
Hatschen	alte Schuhe; Schlampe
Hatscha	anstrengender Fußmarsch
hatschat	hinkend
a hatschate Ausred,	eine schlechte Ausrede
a hataschata Vagleich	ein hinkender Vergleich
Hatz	Verfolgungsjagd
de Kiwara und da Pücha	die Polizisten und der Ver-
håbm se a murdstrum	brecher haben sich eine

Hatz gebm	mordsmächtige Verfolgungs-jagd geliefert
hasrig, hasrich	heiser
hau di üwa de Heisa	Verschwinde!
Hauer	Weinbauer, Winzer
Håwan	Hafer
Hawara	siehe „Haberer"
hockerln	hocken
Hausfreund	Küchenhilfe für das Wenden im heißen Fett; Weihnachts-gebäck; gern gesehener Gast im Haus; jmd., der die ver-nachlässigte Hausfrau „be-friedigt"
Hausmasta	Hausmeister; jmd., der in einem Wohngebäude auf Reinlichkeit und Ordnung achtet; tratschsüchtige Wiener Kultfigur
Haustetschn a gsunde Haustetschn	Ohrfeige, Standpauke fragliches Argument für eine grobe Züchtigung
Hauswatschn	s.o.

Heampa	stark ausgeprägtes Riech-organ; Wein-oder Schnaps-nase
Heana-aug	Hühnerauge
heckerln	verscheißern
Heckenkläscha	saurer Wein
Heidelbeere	Blaubeere
da greane **Heinrich**	grünfarbiges Fahrzeug der Polizei, mit dem Arrestanten abgeführt werden
Heislbaua	Homeworker; jmd., der sein Haus im Eigenbau errichtet
her-reibm	aushändigen
her-reißn	Gewand austragen
hearst	„hörst du", schau mal, na so was
heidarln	schlafen bei kleinen Kindern
heidigehn	liebevoll zu kleinee Kindern für: zu Bett gehen
Heidi	Kurzform für Heidelinde, Heidemarie

Heiden ...	„viel": z.B. Heidengeld
Helf Gott (... daß´ woa is)	i.S. des Ausrufes „Gesundheit" nach dem Niesen
Hemat	Hemd
Hendl, Henderl Hendlhaxn	Huhn Hühnerkeule
Hengl	Henkel
herinnat	herinnen
heromat	heroben
Herrnpülz	Steinpilz
Herzkaschpearl	Herzinfarkt
Heuriger, Heiriga, Heiricha	traditionelle Wiener Buschenschank, fast schon ein Wahrzeichen

Heurige	früh geerntete Kartoffeln
Hetschapetsch (Hetscherl)	Hagebutte
Hetz	siehe „Gaudee"
Hiafla	Dummkopf
Hiasl	Kurzform von Matthias; abfällig für: bäuerliche Menschen

Hieb	Hieb, Schlag; Dachschaden ironische Bezeichnung für die (äußeren) Wiener Bezirke
Hinfållate	Epilepsie
hin, **hienich**	kaputt, tot, verdorben, müde
Hiarnhappla	Vollidiot
hintafotzig	hinterlistig, verschlagen
Hintastübearl der ist net gånz beinånnd im Hintastübeal	ruhiges kleines Zimmer im hinteren Teil eines Lokals; ironisch: bei dem stimmt im hintersten Teil des Gehirns nicht alles
hintnåch	danach

Hirn-edearl Hirnpecka, Hirnschüssla	Schwachkopf
hirn-mar_od_	verblödet
die **Heh**	Polizei, Exekutive
hochgschissn	intellektuell anspruchsvoll, daher für den „einfachen" Menschen soviel wie: unverständlich, arrogant, eingebildet, hochtrabend
Hoizpütschama	„Holz-Pyjama", Sarg
Holla red kan Holla	Holunder rede keinen Blödsinn!
Homerl	Homosexueller
hoppadatschig	arrogant; schwerfällig, ungeschickt
Hopfm-schtáñga	Hopfenstange; eine überaus groß und schlank gewachsene Frau
hudeln Hudlerei Vom Hudln kommen die Kinda.	übereilt handeln, schlampige Arbeit Wenn man nicht auf passt, kann leicht was passieren.

Hudriwudri   etwas Schnelles, Hastiges; Durcheinander; Bekanntes Maskottchen der österreichischen Tabakindustrie

Hülsn   Hülse, Bierflasche; Schlampe

hundeln   nach Hund riechen

Hundiana
Hundling   ausgefuxter, gemeiner Mensch

Hundstrimmerl   Hundekot

hunzen   jmd. wie einen Hund behandeln, bei der Arbeit ausnützen

Hupferl   kleiner, kurzer Sprung; sich lebhaft fortbewegender Mensch, auch Tier; kleines, mickriges Fahrzeug

Hurna   Hure, Hornisse

Huscha   Dachschaden

hutschn   schaukeln

A so a Idipfalreida, scheißt umadum wegn so ana Lapalie. - *So ein Pedant, macht ein Riesenaufsehen wegen so einer Kleinigkeit.*

Indian	Truthahn
infisziearn	infizieren
inhalliarn	eine Speise oder ein Getränk gierig zu sich nehmen
Irxen	Achsel
Ittaka	Italiener
I-Tipfal-reida	Pedant, Auf-den-Punkt-Bringer

Jessasmaria, vor an Jaukerl brauchst owa kane Fedan hābm. - *Mensch, vor einer Injektion brauchst du dich doch nicht zu fürchten.*

Jahrling	„Einjähriger" beim Heer, in der Schule, ...
Janka, Jopperl	rustikale Jacke, Weste
jankearn	spritzen
jauken	antreiben
Jaukerl	Injektion
Jause jaunsna	Zwischenmahlzeit eine Jause einnehmen
Japanesa	scherzhaft für Japaner, Chinesen
Jass	Fachmann, Könner auf seinem Gebiet

Jessas (Jössas, Jessas-maria)	Ausruf der Überraschung, des Entsetzens - abgeleitet von „Jesus und Maria"
Jesuspåtschen	Sandalen
Jux sich einen Jux machen	Spaß, Scherz sich ein Spaß erlauben

K

„A Kracherl und a Burenhaut - des hot mi oft scho fiare g´haut!"
- *Eine Limo und eine Bockwurst haben mir schon oft zu neuen Lebens-geistern verholfen.*

Kaas	Käse; Blödsinn
Kaasnega	blasser Mensch, bleiche Haut
Kaaszedl	Notizzettel
Kåda	Kater, Katzenjammer
Kaff	kleiner Ort, Kuhdorf
Kaiser-schmarren	Mehlspeise aus gerissenem Eierteig, mit Rosinen, mit Zwetschkenröster (Pflau-menkompott) serviert
Kampl	Kamm;
a fescha Kampl	junger Mann mit selbst-sicherem Auftreten
kampln	die Haare kämmen; etwas durchwühlen
Kamötreiba	„Kameltreiber", Araber

Kanari	Kanarienvogel
Kanäu	Kanal
Kanake	Schimpfwort für Türke
Kapauner	kastrierter Masthahn
Kapazunda	Fachmann auf seinem Gebiet, „Kapazität"
Kapo	Anschaffer, Chef
kapores	kaputt
a därrische **Kappöln**	ein schwerhöriger Mensch
kaputt	verdorben, zerstört, ruiniert, müde
Kapuziner	großer Mokka mit einem Spritzer Milch oder Schlagobers
Kardatschn	Pferdebürste
Karfiol	Blumenkohl
Karneulje	notorisch boshafte Frau
Karnickel	Kaninchen
karnifln	jmd. besonders aufsässig ärgern, sekkieren, schikanieren

Kåschernåt	Mischmasch, Eintopf, Sülze
Kaschper	Kasper, Kasperl Hanswurst
Kåtz	Hure; hübsches Mädchen
Katzelmåcha (Katzinger)	abfällig für: Italiener
Kåtzensprung	kurze Distanz, Kurzbesuch
keglscheibm	kegeln
Keischn	minderwertiges oder heruntergekommenes Haus

Keuler	männliches Wildschwein; penetranter Vertreter
an **Kepfla** måchn	mit dem Kopf voran ins Wasser springen
kepfeln	den Fußball mit dem Kopf weitergeben
keppln	maulen, streiten, zanken „stark verbreitete weibliche Eigenheit"

Kerschn	Kirsche
Ketscha<u>rei</u>	Schlägerei
K<u>i</u>wara, Kibara, Kieberer eigråbana Kiwara	Polizist, Kriminalbeamter Bodenschwelle auf der Straße
Kiebitz	(meist unbeliebter Zu- schauer) beim Kartenspiel
kiefln	nagen; an einer Sache hart- näckig arbeiten oder grübeln
Kiffa, kiffn	Haschischkonsument
Kinda-vazahra	jmd., der mit unsittlichen Absichten Kindern auflauert
Kineser(er)	Chinese
Kiniglhås	Kaninchen
Kipferl	halbmondförmiges Gebäck, leicht süße Mehlspeise; möglw. Relikt aus der Zeit der Türkenbelagerungen um Wien(1529, 1683)
Kipfla	speckige Kartoffelart; Auge, harmloses Schimpfwort
Kistn	Kiste; altes Auto, Rostlaube; dicke Frau; Klavier

Kistn-schinta	ironisch für Klavierspieler
Kitt	Kitt; Brot; Geld
Kittlschliafa	Muttersöhnchen
Klachl	grobschläch-tiger Mensch; Penis
Klãmpfn	Gitarre, Bau-klammer
Klapperln	fersenfreie Sandalen
klass	super, toll
Klebln	abfällig für: Finger
Kleiner Brauner	kleine Tasse Kaffee mit Obers vgl. „Großer Brauner"
klempan	klimpern
Kleschn	Schlampe
Kletten	Klette, Schimpfwort, s.a. „Gwandlaus"
Kletzn	Dörrobst, zur Vorweih-nachtszeit auch zu Brot ver-arbeitet; jmd., der einem nicht von der Pelle rückt

klezeln	mit den Fingernägeln etwas mühsam herunterlösen
klimpern	klappern, klirren; unprofessionell klavierspielen; typisch weibliche Art mittels wiederholtem Augenaufschlag zu kokettieren
Knacka	Knackwurst, in Deutschland auch Bockwurst, Wiener oder Frankfurter
knautschn	drücken, pressen, zusammenknüllen
Kneilerl	Knäuel
Knia Kniara	Knie unterwürfiger Mensch
kniawaach	schwächelnd
Knödel	Kloß aus Teig, Mehl, Kartoffeln etc., kann gefüllt sein, (z.B. Fleischknödel, Grammelknödel). Nahezu unerschöpfliche Varianten z.B. Semmelknödel; siehe auch „Geld"

Knödel-akademie
Haushaltsschule

Knödel-reitta   Tritt in den Hintern

Knofl	Knoblauch; siehe auch „Geld" und „Vanille"
Knoflzechn	Knoblauchzehe
knofln	nach Knoblauch riechen; Bezeichnung für Glücksspiel
knozn	faulenzen, träge herumhängen
Kölch an Köch hābm	Grünkohl; Streit, Auseinandersetzung, Handgemenge; Trinkgefäß
Koffa Voi-koffa	Koffer, Idiot Volltrottel
Kohlsprossaln	Rosenkohl
koidwoam gebm	verbal schelten, auch: Prügel androhen
Koks	Heizmaterial; Kokain
Kolatsche	siehe „Golatsche"
Koloniakübl	Mülltonne
Kombinäsch	Unterrock (älterer Frauen)
komm<u>o</u>d	bequem, praktisch

Körberlgeld	Kleingeld, das beim Einkaufen zurückbleibt; Zusatzverdienst
koscha des ist ma net gãnz koscha	koscher, rein, sauber mir ist nicht ganz wohl bei der Sache
Kotzbrockn	unverdaulich ekeliger Zeitgenosse
kotzen	erbrechen
Kotzn-gschraah	meist Kartoffelauflauf mit Zwiebeln und Grieben, auch „Erdäpfelschmarren"
Kracherl	kohlensäurehaltiges Getränk mit Fruchtgeschmack
Kråchn	Pistole, Revolver
Krainer	Wurstsorte, Käsekrainer
kråmpensauer	ganz besonders sauer
Kråmpfadan-geschwåda	abwertend für eine Ansammlung älterer Damen, meist anläßlich eines Kaffeekränzchens

Kram<u>u</u>ri	wertloses Zeug (meist am Dachboden gehortet)
Kranzlbinda	Blumenbinder (vornehmlich für Beerdigungen)
Krā	Krähe, Dohle
Kråpfen	Schmalzgebäck aus Hefeteig, meist gefüllt mit Konfitüre
kråtzn de Kurvn kråtzn	kratzen es gerade noch einmal geschafft haben; im letzten Moment noch die Kurve kriegen
Krätzn	Krätze; Widerling

kräu<u>l</u>n
    „i kā nur mehr
    auf ålle Viere kräun"
	kriechen; klettern
	ich kann mich nur noch mühsam dahinschleppen

Kra<u>u</u>dera	alter, ungepflegter Mann
Kraut	Weißkohl, Sauerkraut
Kraut- fleckerl	quadratisch geschnittene Nudelteigstücke mit Weißkohl, gelegentlich mit kleinen Speckstücken, stets mit Zucker, Salz und viel Pfeffer gewürzt

Krawäu	Lärm, Krawall
Krawattl	Kragen
Wännst net spuast, påck i di am Krawattl!	Wenn du nicht folgst, packe ich dich am Kragen!
Kråwot	Kroate
krawutisch	zornig
krawutzi-kapuzi	Ausdruck einer kleinen Erregung
kraxln	klettern
Kraxn	Tragegestell; minderwertiges, altes Auto; Unterschrift
Setz dei Kraxn då drunta.	Unterschreibe hier.
Kreiz	Rückgrat; Schwierigkeiten, mit dir hat man nur Ärger
es is a Kreiz mit dir	
Kredenz	Anrichte, Glaskommode
kredenzn	anrichten, auftischen, einschenken
Krempl	siehe „Kramuri" oder „Glumpat"
Kren	Meerrettich
Krenfleisch	Steirisches Wurzelfleisch, fettes Schweinefleisch mit Wurzelgemüse, Meerrettich und gekochten Kartoffeln

Krenreibm es ist zum Krenreibm	Kren (Meerrettich) reiben; es ist sinnlos
Krepieral	leicht mißgebildetes Ge- schöpf; kretinoid
Krewechal	siehe „Krepieral"
Kriachal	kleine Pflaumenart; seltenes, geschmackvolles Alkohol- destilat
Kriminäu	Kriminal, polizeiliche Verwahrung
Krimineser	Kriminalbeamter
Krischpinderl	Spindeldürrer
kropfat	einen Kropf haben
Krot	Kröte
Kruag	Krug
Krügerl	Biermaß, ein halber Liter
Kruschpel	Knorpel; knusprig gebratene Schwarte
Kruzitiakn	zorniger Ausruf (Relikt aus der Zeit der Türkenbelager- ungen)

Kuah	Kuh; Schimpfwort; unfähiger Fußballer
Kuchl	Küche
Kuchl-dragona	respekteinflößende Köchin
Kuchlschiazn	Küchenschürze
Kuchltrāmpl	Küchenhilfe
Kuddelkraut	Gartenthymian, Quendel
kudern	kindisches Kichern heranwachsender Mädchen
Kudlfleck	Kutteln (meist eine Suppe aus gereinigtem Rindermagen)
Kudlmudl	für den Aussenstehenden ein undurchschaubares Durcheinander, für den Verursacher Form der kreativen Ordnung
Kukaruts	Kukuruz = Mais
Kümmeltiak	Türke; ob sich die Bezeichnung von Kemal Atatürck ableitet oder von der kümmelförmigen Kopfbedeckung türkischen Belagerer, ließ sich nicht recherchieren.

kuschen

sich widerstandslos einem Befehl unterordnen

Küss die Hand!

Alte Höflichkeitsform: Anm.: Man(n) ergreift die elegant (oft auch herablassend) vorgestreckte Hand einer Dame, verbeugt sich ein wenig demutsvoll und deutet den Kuss auf die Handoberfläche schüchtern an, ohne dabei mit den Lippen die Haut zu berühren. Andere Vorgangsweisen deuten auf eine schlechte Erziehung hin bzw. auf eine Pseudonoblesse.

Die elegant und nobel ausgesprochene Variante ohne begleitender Geste, sprich „Kiss de Hãnd!" oder „Kiss de Hãnd, g'nä Frãu!" (sehr nasal gesprochen!) ist als höflicher, wertschätzender Ausspruch der Begrüßung, des Verabschiedens oder der Dankbarkeit durchaus noch im Gebrauch.

Kuttnbrunza

abwertend für: Mönch

Kutscher

Pferdewagenführer; Hierarchie: unterste Stufe: Kapskutscher; mittlere Stufe: Kutscher; höhere Stufe: Fiaker

Kuwert

Briefumschlag

L

Dei Tochta, des Luda, wår de ganze Nåcht mit so an Lulatsch auf Lepschi! - *Deine Tochter, das Luder, war die ganze Nacht mit einem schlaksigen Burschen unterwegs.*

Laam	Lehm
laam-årschat	faul, träge
laamlackert	s.o.
Laab	Brotleib; Laub
Laberl	Laibchen; z.B. faschiertes Laberl (Bulette), auch: Gebäck
Lack	schlechtes Bier, Mischung aus Bier und Schnaps
Låckn	Pfütze, Lache

Lackerl
  mit dem Hund
  Lacki gehen
	kleine Flüssigkeitsmenge; Gassi gehen = vor das Haus gehen

Lackl	großer, grobschlächtiger Mensch

Låd
da foilt ma de Låd owe — Lade, Unterkiefer / mir bleibt der Mund offen

Lådn — Brett; Fensterladen; Geschäftslokal

furn a Bredl, hint a Lådn — Spruch für eine besonders magere Frau

lätschat — zäh, schlapp

lala — leer

Lamparie — Wandvertäfelung

Lamperl — Lämmchen, schüchterner, introvertierter Mensch;

zidan wia a Lamplschwaf — vor Angst zittern wie das freiliegende Wirbelsäulenende eines Lämmchens

Lahm-siada — Langweiler

Lapperl — Lappalie, Kleinigkeit, die nicht der Rede wert ist

Larifari — sinnloses Gespräch ohne Inhalt

lasch — träge, faul

Laschi — Geld

laschiarn — unproduktiv sein

Lauser	frecher Bub
Lausallee	Haarscheitel
Laushutschn	Haarlocke
Lausrechn	Kamm
Lawua	runde Waschschüssel
lax	schlaff, geschafft
Learchal	Lerche, ein Singvogel
des is kaa Learchal	das ist keine Kleinigkeit
Learchalschaas	etwas so Unbedeutendes wie der kaum wahrnehmbare Darmfurz eines Singvogels
Leberkaas	Fleischkäse (Wr. Spezialität)
ledich	ledig
Lëffl	Löffel; Ohren
i hob kan Lëffl net	ich habe keine Lust
den Lëffl ågebm	sterben
Legarl baun	eine Falle stellen
Lehrbua	Lehrling, Auszubildender; Azubi

Leich

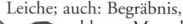

a schene
Leich

Leiche; auch: Begräbnis,
blasser Mensch
ein schönes,
feierliches
Begräbnis

Anm.: Die
Wien einen
morbiden und nahe-
nekrophilen Kultstatus.

„Leich" hat in
leicht okkulten,
zu liebevoll
„A schene

Leich" - ein feierliches Begräbnis mit vielen Beteiligten ist
sowas wie ein Statussymbol. Verwandte, die einander nicht
ausstehen können oder selten sehen, versuchen ein Bild
der Eintracht zu zeigen, um den Bekannten (Nachbarn, etc.)
eine heile Welt vorzugaukeln. Der obligate Leichenschmaus
im Anschluss ist oft Gelegenheit zu Scherzen, Streitereien
oder Intrigen.

Leiten

Wiesenhang

Leit-schinda

Sklaventreiber

Leiwal
bei mir wiast
ka Leiwal reißn

Unterhemd, T-Shirt
du wirst bei mir keinen
Erfolg haben

leiwänd

super, erstklassig (Relikt aus
der Vor-Televisions-Zeit, da
manches auf Kinoleinwand
Gezeigte noch sensationelle
Maßstäbe setzte.)

Lemoni

Zitrone

lepparn es leppat se zamm	läppern, schlürfen es summiert sich kleinweise
lepschi gehen auch: auf Lepschi gehen	ausgehen; auf Aufriss gehen; eine Sauftour unternehmen, von daheim ausreißen
letschat	weich, zäh, fade
Liachtn (in der Liachtn)	Tageslicht
Linke	Betrug
losen	lauschen, zuhören
Luach	alter Staub, Schmutz
Luada	Luder, boshafte Frau
luckat	löchrig, siehe „Geld - Luckata Hölla"

lumpn
   lumpn gehn
   sich net lumpn låssn
	von Lump abgeleitet
	siehe „lepschi"
	großzügig, freigiebig sein

Lulatsch	groß und dünn gewachsener Mensch
Lulu (Lulli)	Harn; Traumichnicht, Angsthase; weiblicher Kose- name
Lutscha	Luller, Lolli, Schnuller

A Melāsch is a Mischkulanz aus Kaffee und Müch. - *Eine Melange ist eine Mischung aus Kaffee und Milch.*

ma	wir, mir, man
Måcha	jmd., der etwas verantwortungsvoll in die Tat umsetzt
Måchatscheck	Wichtigtuer, Möchtegern
mådi	madig; faul
mal<u>a</u>d	krank
Mandln måchn	Probleme, Schwierigkeiten, oder Umstände machen oder verursachen
måch kaane Mandln	sei nicht aufmüpfig
mar**ki**<u>ar</u>n	eine Krankheit oder Verletzung übertrieben wehleidig simulieren

Mamal<u>a</u>d	Marmelade, Konfitüre
Mamal<u>a</u>dinga	scherzhaft für: Deutsche
mantschen	ungustiös mit den Kauwerkzeugen lautmalerische Töne von sich geben; mit offenem Mund schmatzend kauen
Mar<u>ie</u>	siehe „Geld"
Marknschlecka	Postbeamter
mar<u>o</u>d	krank, kränklich
Mar<u>o</u>ni	schmackhafte Edelkastanie
Mar<u>o</u>ni-bråda	Edelkastanienröster in der kalten Jahreszeit, mit Verkaufsstand meist an den Wiener Straßenecken
Mar<u>ü</u>ln	Marille, kleinere Form der Aprikose
M<u>a</u>schek-seitn	die andere oder entgegengesetzte Seite; auch: von hinten kommend
Maschn des is sei Maschn	Masche, Schlinge das ist sein Trick/Vorteil
Maasl hābm	Glück haben

Massa	eine große Menge von etwas, ein Haufen von etwas
Mastdarm-Akrobat	Arschkriecher
matsch	müde, erschöpft
mātschgarn	nörgeln
Maurerklavier	Zieharmonika
mauschln	flüstern, verhalten oder undeutlich reden
Melānsch	Melange (Kaffeespezialität)
Menaasch	Verpflegung, Jause, Speise
Mentsch	junges (fesches) Mädchen
Meta måchn	Meter machen, das Weite suchen, Abstand gewinnen
Mezzanin	Zwischengschoß (bei älteren Gebäuden); Halbstock
Mezzie	günstige Gelegenheit, guter Kauf, Sonderangebot
miachteln	muffig stinken
Mischkulanz	Mischung

Mischpoche	Familie
miesels**üchtig**	depressiv
Mistelbacher	Mistelbacher (NÖ Bezirksstadt); scherzhafte Bezeichnung für Polizist

Mizzi	Kurzform von Maria
Mohnstriezerl	aus Teig geflochtenes Mohngebäck
mokkia**rn**	an etwas Anstoß nehmen
Montu**r**	Uniform, Berufskleidung
Mo**pparl**	Moped
Mo**stschädl**	abwertende Beszeichnung für den Oberösterreicher bzw. Niederösterreicher (aufgrund des dort beliebten Hausgetränkes, dem Most)

Mucken
  aufmuckn
  Muckn måchn
 	
  da bist du no mit de Muckn gflogn
	Mücke
	aufbegehren
	Unannehmlichkeiten bereiten, Umstände machen
	da warst du noch lange nicht geboren

Mucksa	kaum hörbares Geräusch

110

der måcht kan Mucksa mehr	der ist tot/rührt sich nicht mehr
muddln	verknittern, zusammen-knüllen
muffeln	unangenehm abgestan-den oder faulig riechen
Muffn mir geht de Muffn	Angst ich habe Angst
Mugl Muglrausch	Hügel großer Rausch
Muli	Maultier
Mülli	Milch
Mülli-pitschen	Milchkanne
Mülli-rahmstrudl	Milchrahmstrudel
Mundl, Mundi	Kurzform von Edmund („Mundl" - Kultfigur aus dem Fernsehen)
Murken	Gurke
murksen	ungeschickt oder schlampig arbeiten
Murra	Tadel, Strafe; Gerümpel
Musch	Prostituierte

A so a Nudlaug, der Bua, kummt ma de Niatn an no mit an Nåch-
zipf ham! - *So ein Dummkopf, der Junge, kommt mir doch dieser
Versager mit einer Wiederholungsprüfung nach Hause.*

nåchwassan	verdünnen; nachmaulen
Nåchzipf	Wiederholungsprüfung in der Schule
Nåchtschearbm	Nachttopf
nåckart	nackt
Nåcka-patzl	scherzhaft für einen nackten Menschen
Nåderer	Denunziant, Verräter, Spitzel
någeln	nageln; siehe „schuastern"
någl-neich funklnågelneich	nagelneu besonders neu
Nårrenkastl ins Nårrnkastl schaun	starr, inhaltslos ins Leere blicken

Nårrnturm	„Narrenturm", Einrichtung für Geisteskranke im alten Wr. Allg. Krankenhaus
Nåsn	Nase
a guate Nåsn håbm	einen guten Riecher haben
jmd. was unta de Nåsn reibm	jmd. mit der Wahrheit konfrontieren
auf d`Nåsn bindn/pickn	etwas verraten
sich bei da Nåsn nehma	ehrlich zu sich selbst sein
d´Nåsn anrenna	zu Schaden kommen
Nåsnrämel	getrockneter Nasenschleim
Nebbochant	Ignorant; untüchtiger Mensch
Netsch	Münzen, siehe „Geld"
nega sein	kein Geld haben
Negerant	Schnorrer
Nest-scheissal	Nesthäkchen
Niatn	Metallbolzen zum Verbinden; Los, das nichts gewonnen hat; Versager
nida-begln	niederbügeln; einschüchtern, zurechtstutzen

113

Nigl<u>oo</u>	Hl. Nikolaus
nix	nichts

Nockn
  fade
  Nockn
	siehe „Nockerl"
	langweiliges
	Frauenzimmer

Nockerl	Gnocchi; kleine Klößchen oder Spätzle aus Mehlteig
nodich nodiga Schpagotscheissa	neidig, geizig, knausrig asketischer Geizkragen
Nowak, Novak	Familienname; einer, der sich immer ausnützen läßt

niachtarn	„nüchtern": Man hat -
	1. keinen Alkohol getrunken,
	2. noch nichts gegessen
	  oder
	3. man sieht eine Sache ganz
	  sachlich und emotionslos

(na) **no na net**	selbstverständlicher- weise; na sicher
Nudel	Eierteigwaren; Penis
Nudl-aug	dümmlicher Mensch
Nudl-drucka	knausriger Mensch

Nudl-friedhof	Frau mit hohem Männer-konsum
Nudl-woika	Teigholz
Nursch	Schweinefuttertrog
nuscheln	undeutlich reden; (Hans Moser ist durch sein lie-benswert grantelndes N. berühmt geworden.)
Nußbeigl	Kipferl mit Nußfüllung
nutschen	schweinische Fress- und Kommunikationslaute von sich geben
N<u>u</u>tschal	Ferkel

Herr Ober, bringans ma a klaans Gulasch und a Seidl Bier.
- Herr Kellner bringen Sie mir ein kleines Gulasch und ein kleines Bier.

Anm.: Was Sie hier unter „O" nicht finden können, steht vielleicht unter „A". Ob manche Mundartbegriffe mit „A" oder „O" geschrieben werden, ist meist Geschmackssache, denn akustisch klingen sie fast gleich.

Obacht gebm	aufpassen, achtgeben
Oba-liachtn	Fenster oberhalb einer Tür, der obere Teil bei einem geteilten Fenster
o-brockn	abpflücken
o-bedln	erbetteln
o-beißn	eine Niederlage erleiden
Ober	Kellner
Obers	Milchsahne, Schlagobers
Obstler	Schnaps aus diversem Obst

116

o-draht	raffiniert, schlau, gerissen
o-foahrn	abfahren, verschwinden; auf etwas scharf sein
o-floschn	ohrfeigen
O-grosl	Stachelbeere
Ohr-schliaffa	Ohrenkriecher, Ohrwurm
Ohrn-kräula	w.o., auch: Schmeichler
Ohr-waschl	Ohrmuschel
o-stessen	Raten abzahlen
Oida	Alter, Freund, Kumpel, Ehemann
Oide	Ehefrau, Freundin
o-kiefln	abnagen
o-kragln	erwürgen
Ööl i bin voi im Öö	ich bin total betrunken
Omassn, Āmassn	Ameise
o-passn	auflauern
o-rama	abräumen

o-schassln	abwimmeln
o-staubm	sammeln, erbitten, erben etwas erschleichen/mitgehen lassen
o-tauchn	verschwinden, untertauchen, weggehen
Ottoman	niederes Sofa
owi-zaan	sich vor der Arbeit drücken, trödeln
Oxn-augn	Spiegeleier

P

Da hatscherte Pompfinebra aus'm 16. Hieb håt a Pantschal mit da scheanglatn Mizzi aus'm Tschoch hinter'm Pfandl. - *Der hinkende Totengräber aus Ottakring hat ein Verhältnis mit der schielenden Maria aus der kleinen Wirtschaft hinter dem Dorotheum.*

Partie	Heirat, Ausflug, Gruppe, Freundeskreis
a guate Partie måchn	jmd. heiraten, der viel Geld und Ansehen genießt, etwas darstellt

packeln — im Geheimen Geschäfte machen, im Hintergrund illegale Preisabsprachen durchführen

Packl — Paket, Packung

sich auf a Packl zämm haun — eine Geschäfts- oder Liebesbeziehung eingehen

Palatschinke — Pfann- oder Eierkuchen, Omlette (immer gefüllt entweder mit Marmelade oder mit faschiertem Fleisch)

Palawatsch — Durcheinander

pal<u>a</u>wern	verhandeln, angeregt diskutieren
Palmkatzerl	blühende Zweige der Weide
pámpat	großkotzig, arrogant
pámpfn	mampfen, hastig und unartig essen
Pan<u>a</u>de	Brandteig
Pan<u>a</u>asch	knusprig gebratene Panier
pani<u>a</u>rn	Fleisch, Fisch oder Gemüse mit Paniermehl (Semmelbrösel) in Fett ausbacken
pántschn	Wein vermischen (abwertend) oder mit Wasser verdünnen
P<u>a</u>ntscherl	Affäre, Liebschaft
P<u>a</u>pperl	Papagei; jmd., der viel redet; Brei für Kleinkinder
papi<u>e</u>rln	foppen
Påpp	schlechter Brei aller Art; Kleber

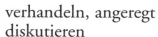

Pappm Hoit dei Pappm!	abwertend für: Mund Halte deinen Mund!
Pappm-schlossa	Zahnarzt
pappm	kleben; ohrfeigen
pappert	klebrig, verklebt
Parablü	Regenschirm
Parad<u>ei</u>ser	Tomate
par<u>a</u>t sein	bereit sein
par<u>a</u>wan	schuften
par<u>ia</u>rn	parieren, gehorchen
Par<u>i</u>ser	Wurstvariation; Kondom
Parte	Todesfall-anzeige
Patent-watschn	kräftige Ohrfeige
påtschat, Påtsch, Påtscherl,	unge-schickter Mensch
Påtschen, Patscherl	Hausschuhe
patschnåss	durchnäßt

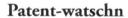

Påtschn-kino	Fernseher, TV-Gerät
Påtsch<u>o</u>chta	unge-schickter Mensch
Påtzen	Fleck, Schmutz
påtzen	Verb zu Påtzen
påtzert a påzata Schnee	Adjektiv zu Påtzen; nasser Schnee, (kein Pulver-schnee)
patzwaach	ganz weich
Pawl<u>a</u>tschn	offener Hausgang; Bühne
an **Pecka** hãbm	einen Dachschaden haben
pecken	picken, aufpicken, tätowieren
P<u>e</u>ckarl	Tätowierung
Peitscherl-bua	Zuhälter; Homosexueller
Pemschtl	Pinsel
Peppi	Perücke
Pfandl	Bratpfanne; Pfandleihanstalt Dorotheum

Pfeifn hoit dei Pfeifn	Peife halt deinen Mund
Pfearscha	Pfirsich
Pfiat di Good Pfiati!	„Behüte dich Gott" (eher ländlicher Abschiedsgruß, aber auch Ausruf des Ent- setzens oder der Über- raschung)
Pfiff	kleinste Ausschankmenge für Bier
Pfitschigogerln	ein Spiel mit Münzen auf einer Tischplatte
Pfitschipfeil rennen wie a Pfitschipfeil	besonders schnell laufen
pflanzn	täuschen, necken, foppen, jmd. zum Narren halten
Pfludarn	Ringlotte; Schimpfwort
pfnausn	schnaufen, schneuzen
Pfosten	großgewachsener, kräftiger Mensch; Holzsteher
Pfrnak	besonders große Nase
pfuschn	Schwarzarbeit machen, ein unangemeldeter Nebenver- dienst

Pfusch	schlechte und schlampige Arbeit
pfutsch	kaputt, weg, hinüber
pfutschikato	kaputt, weg, hinüber
Pimperl -	Vorwort, das Verkleinerungen bezeichnet: z.B. Pimperlbahn
Pinguin	Witzwort für: Kellner
Pintsch	die schlechteste Schulnote (Nicht genügend, 5); Hunderasse (Pinscher)
Pipm	Wasserhahn, Fasspippe; auch: Schimpfwort vgl. „Rotzpipm"
pietzeln	mit kleine Dingen vorsichtig herumhantieren
Plätschen	ein besonders großes Blatt; ein gutes Blatt im Kartenspiel
Plausch net, Pepparl!	Red nicht so viel Blödsinn!
plaazn	weinen, schreien
Pleampl	Dummkopf

pledarn	flattern; schnell fahren
pleite	finanziell am Ende
plemparn vaplempan	saufen (Zeit) verschwenden
plumpsn	fallen
Plunzn, Blunzn	Blutwurst; dümmliche oder dicke Frau
Pluza	Kürbis; bauchiges Gefäß; dicke Person
Pofl auch Bofi	Blödsinn
Pogauner	Truthahn
Polak (-ei)	Pole, Polen
Poliar	Bauaufseher
Politess	alte Bezeichnung für Polizeibeamtin, Polizistin
Pomade	Haarfestiger, Haarcreme
pomali	gemütlich
Pomeranze	Orange; Schimpfwort
Pomfinebara	Leichenbestatter

Popsch, Popscherl	Gesäß
Powidl	Pflaumenmus
des ist mia powidl	das berührt mich wenig
Powidl-tatschkerl	Teigtasche, mit Powidl gefüllt, gezuckert und warm serviert
Pracka	meist: Teppichklopfer
pracken	schlagen, Karten spielen, angeben
Präsarl	Kondom
Pråda	der Wiener Prater - trad. Erholungs- und Vergnügungspark im 2. Wiener Bezirk
Pråtzn	große Hände
pressiarn	es besonders eilig haben
Presswuascht	Presskopf
pritschln	plätschern, mit Wasser hantieren
Pritschn	Bank; leichtes Mädchen
prodln	urinieren; Zeit schinden, trödeln

Pülcha — kleiner Verbrecher, Gauner, Schlitzohr

Pudl — Schanktisch, Verkaufspult

Pudl-hupfa — Verkäufer - hinter der Pudl

pudl-nåckeat — absolut unbekleidet

Pummarin — die große, historisch bedeutsame Glocke des Stephansdoms in Wien

Pumpera — lautes Klopf- oder Fallgeräusch

pumpal-gsund — ganz gesund

pumpean — klopfen

punkeat — klein und dick

Pupparl — Mädchen, Puppe

Pupparl-hutschn — Hintersitz für Beifahrer beim Motorrad etc.

Püree — Mus aus Gemüse, meist Kartoffeln = Erdäpfelpüree

purn — sich schnell bewegen, laufen, fahren, rasen

Purri
  dem hängt da Purri ausse

Borretsch
der sieht verhungert,
verarmt aus

Purz(n)

Kerngehäuse des Apfels
(Butzen)

Purzl<u>aa</u>n

Porzellan

Purzlb<u>a</u>m

Rolle vorwärts beim Turnen;
Sturz; aber auch: vor Glück
einen Purzelbaum schlagen

Puschkaw<u>üü</u>

Durcheinander, Ausein-
andersetzung

putzn
  putz di

reinigen, fortgehen
Verschwinde!

Q

Hupf in Gaatsch und schlåg a Wön, åwa dua mi jå net quön.
- *Verschwinde, lass mich in Ruhe und geh mir nicht mehr auf die Nerven!*

Quargel	intensiv riechender Käse; Dummkopf; Problemsituation; Blödsinn
quargeln	schwätzen
querbråtn	einer bereits vergebenen Frau den Hof machen und versuchen, sie „auszuspannen" - vgl. ån-bratn
querbudan	wahllos jede erdenkliche Gelegenheit zu einem sexuellen Abenteuer nutzen
Quetschn	Ziehharmonika, Akkordeon
Quiqui	Tod
quön	qäulen, sekkieren, nerven

„Wänn da Rinnsoidämpfa von da Hausmasterin no amoi zua Tia hibrunzt, wird er ausbanlt ..." - *Wenn der Schoßhund der Hausmeisterin nochmals die Notdurft an der Tür verrichtet, wird er in seine Bestandteile zerlegt ...*

Råbmbratl	liebevolles Schimpfwort für ein lebhafes Kind
rachitisch	schlecht, unbrauchbar; kränklich
Rad<u>au</u>	Lärm
Rad<u>e</u>tzky	österr. Feldherr; heute: Radiergummi
R<u>a</u>di	Rettich; Ärger
Rad<u>ie</u>ra Heit bin i fett wia a Radiara.	Radiergummi Heute bin ich völlig betrunken
Rad<u>i</u>schen	kleiner roter Rettich
Radla	Mischgetränk aus Bier und Limo
radln	radfahren

Rahm	flüssige, saure Sahne, Sauerrahm
rama	räumen, Ordnung machen
Ramas<u>u</u>ri	Durcheinander, Chaos
R<u>ã</u>mmel Nosnrãmml	getrocknetes Nasensekret
rammeln	begatten
Rammlar	männlicher Hase
Ramsch	billige, wertlose, schlechte Ware aller Art, Schund
ramschen	sammeln
R<u>ã</u>nde	Rendezvous
a **Randl** des dauert no a Randl	eine unbestimmte Zeitspanne das dauert noch ein bisschen, aber nicht zu lang
R<u>ã</u>ndstaa-Humml	einspuriges KFZ
R<u>ã</u>ndstaa-Schwoibm	Hure
Ranzn	Tragsack; Bauch
Rappel Rapplkopf	Wutanfall, Wahn Choleriker

rappeln da-rappln	verrückt sein sich wieder von einer miss- lichen Lage erfangen
Rasslbinda	herumziehende Händler vergangener Zeiten, die Küchengeschirr etc. repariert haben; lustige Bezeichnung für jmd., der gerne mit alten Dingen handelt oder hantiert
ratschn	schwätzen
Råtz	Ratte
Raukarl	Rauchpause
Rauhwaschl	ungehobelter Widerling
Rauna	Rote Bete
raunzn	sich beklagen, nörgeln
Raupffangtaubm	Rauchfangtaube, ungepflegte Frau
Rawutza	getrocknetes Nasensekret
Rawutzl	kleiner, häßlicher Mensch; getrocknetes Nasensekret
Rean	Röhre, Backrohr

rearn	weinen
reckn	Brechreiz haben
regeneri**a**n	ausnüchtern nach durchzechter Nacht

Regiments- tråtschn	Tratschweib, das alles innerhalb eines Gemeindebaus weiß und sensationslüstern weitererzählt
Reibach	Gewinn machen
Reibeisen	Raffel
reibm jmd. ane reibm	reiben jmd. eine Ohrfeige geben
Reim	Reif, Tau; Pfanne; altes Fahrzeug
Reindl	kleine Pfanne
Reiss o!	Verzieh dich!
reissn jmd. in da Reissn habm	etwas erreichen sich mit jmd. beschäftigen; es auf jmd. abgesehen haben
Remassu**ri**	Durcheinander

rëmpln	rempeln, an jmd. anstoßen
Reparatua-seidl	Bier, das gegen den morgendlichen Kater getrunken wird
resch	
a resche Semml	knusprige Semmel
a resches Bratl	zäher Braten
a rescha Wein	saurer Wein
Restl	etwas übrig Gebliebenes; kräftiger, starker Mann
Reserve-christus	ironisch für jmd. mit langem Haar und Bart
Returkutschn	meist verbaler Gegenschlag
Rewoifablattl	Boulevardzeitung; Spitzname für eine beliebte und auflagenstarke österreichische Tageszeitung mit Schwerpunkt auf „Chronik"
rewöllisch	rebellisch, aufgebracht
riassln	„rüsseln", schnüffeln, wittern
ribbln	reiben, rubbeln
Ribisel	Johannisbeere

Riegl	großer, kräftiger Mann
Ringl-gspüü	Ringelspiel, Karussell
Rinnsäu-dämpfa	„Rinnsaldampfer" - kleiner Hund; große Schuhe
Risipisi	Reis, Erbsen u.a. zu einem Gericht vermischt
Rock	auch: Sakko, Jacke
roglat	locker, wackelig
roiln	verarschen
Heast Oida, wüst mi roin, dazöh ma kane Gschichtln!"	„Willst du mich verarschen, erzähle mir doch keine Unwahrheiten!"
Roi-wagarl	Rollstuhl
Rolloo	Rollvorhang
Rosine	getrocknete Weinbeere
Rotz	Nasenschleim
Rotzglöckerl	Nasentröpfchen
Rotztiachl	Taschentuch
Rotzfetzn	
Rotzbua	schlimmer Bub
Rotza	

135

Rotzmentsch	schlimmes Mädchen
Rotzpippm	schlimmes, unreifes Kind
Ross-knödl	Pferdekot
Röster	Dunstobst, Kompott
rob<u>o</u>tn	schwer arbeiten
Ruabm	Rübe; ungehobelter Mensch
Ruabm-zuzla	Einfaltspinsel, Witzwort für Burgenländer
Ruachla	Geizkragen
ruachln	habgierig sparen
Ruaß	Ruß; Gesindel
r<u>ü</u>win	siehe „ribbeln"
Russen	marinierte Heringe
Rutscha	kleiner Ausflug, Umweg, Kurzbesuch
Rutschn a Rutschn legn	Rutsche eine Falle stellen

So a Schlãmpatatsch, der Mã, kãn seine Schlapfn net urndlich hin-
stön. - *So ein unordentlicher Mensch, der Mann, warum kann er seine
Hausschuhe nicht richtig abstellen?*

Sackl   Sakko; Einkaufstasche

sackln   sich elegant anziehen

Sacklpicka   ehemaliger Sträfling

Saaf   Seife
    auf da Saaf stehn   nicht weiterkommen

Safaladi   minderwertige Wurst;
    aber auch: Knackwurst

Soiz-stangarl   traditionelles Stangengebäck

sakrisch   besonders gut, toll, außer-
    gewöhnlich

Salettl   Gartenhäuschen

Sandla   Clochard; Faulpelz,
    Arbeitsloser

sandln   ziellos herumhängen

Sapperling	starker Speichelfluss
Saubär	männliches Schwein; ungustiöser Mann
Saumaasl hãbm	ein besonderes Glück haben
Saumaasen	Saumeise, kleingehacktes Schweinefleisch im Netz
sch<u>a</u>chan	handeln
Schaffl	Schaff, Bottich, Faß
Schafflbåd	spez. Bade- und Kuranstalt
Schackl	Diener, Mädchen für alles
Sch<u>a</u>marl	Schemel
Sch<u>a</u>ni	ugs. für Johann
Sch<u>a</u>ni	Diener, Mädchen für alles
Sch<u>a</u>ni-gårten	Gastgarten bei einem Café oder Wirtshaus
Schantinuss, Aschanti	Aschantinuss = Erdnuss

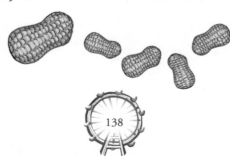

scharwenzln	schmeichelnd umwerben
Schaas	Darmfurz
Schaastromml schaas-augat sein	altes ungustiöses Weib stark fehlsichtig sein
scheangln	schielen
Schefität	Chef, Boss, Vorgesetzter
Scheibtruchn	Schubkarren
Scheitahaufen	süße Auflaufspezialität
Schenkl-schpreizza	süßes, süffiges Alkohol- getränk (Likör)
schenant	peinlich
Scheniera	Scham
Schearm	Scherbe; Nachttopf
Scherzarl Scherzl	Anfang oder Ende eines Brotes; kl. harmloser Witz
schiach	häßlich
schiffen	urinieren
Schiffanakl	Schiff
Schinakl	kleines Boot

Schippl	eine große Menge von etwas
s`kost an Schippl Gööd	das ist sehr teuer
Schlagl	Schlaganfall
Schlagobers	Schlagsahne
Schlamassl	Unannehmlichkeit verfahrene Situation
schlämpat	nachlässig, ungenau
Schlämpn	Frau mit besonders leichtem Umgang mit Männern
Schlankl	Spitzbub
Schlämpatatsch	unordentlicher Mensch
Schlapfm	Hausschuhe
Schlaatz	Schleim
schlatzig	schleimig, glitschig
schlatzn	spucken
wem den **Schlauch** gebn	jmd. besiegen
Schlawiena Na, du bist mir ein Schlawiena!	(liebenswertes) Schlitzohr

Schlawittchen	Kragen
Schlecka	Lutscher; Zunge
schledan	viel trinken, sich betrinken
Schlegl, Schlögl	Keule, Klöppel; auch: Schweinekeule = Schweinsstölzn = Eisbein
Schleich di!	Verzieh dich!
Schliaffa	Schmeichler; Überziehjacke
schlitzig	siehe „schlatzig"; rutschig
Schlossabuam	Wiener Mehlspeise
schludan	unordentlich arbeiten, schäbig daherkommen
schluarfn	mit den Füßen nachschleifend gehen
Schmafuu	Blödsinn
Schmäh fian	charmante Aufschneiderei, Unterhaltung; Der Wiener Schmäh - eine besondere Art der Beredsamkeit, charmant, manchmal ein wenig naiv, übetrieben und etwas hinterlistig, meist mit dem Zweck, jmd. etwas einzureden oder vorzumachen

schmäh-staad	sprachlos, kleinlaut
Schmäh-tandla	jmd. der viel aufschneidet, aber damit meist unterhält
schmoi-pickt	besonders schlank, dünn
Schmoiz	ausgelassenes Schweinefett, Schmalz, Schmer; Strafe;
da rinnts Schmoiz owe	übertriebener schnulziger Schlager, Ansprache
Schmoizlockn	„fette" Haarlocke
gschmoizane Preise	überhöhte Preise
Schmankarl	Leckerbissen
Schmårren	warme Mehlspeise
So a Schmårrn!	Was für ein Unsinn!
Schmattes	Trinkgeld; auch: Bestechungsgeld
schmeckn	schmecken, auch: riechen
Schmecks Kropfata!	Wie soll man das (als Unwissender) erahnen können?
Schmetten	Sauerrahm
schmettan	angeberisch erzählen, lügen
Schmiere	Schmiere, Schminke; Bestechungsgeld (das „Schmiern")

Schmiere stehn	schauen, ob die Luft rein ist
Schmiern-theater	Laienbühne
Schmiera	Spickzettel
Schmiererei, Schmierasch	unleserlich Geschriebenes; bunte Kunstwerke vandalistischer Herkunft an Gebäuden; abfällig auch für bildnerische Kunst, speziell für moderne, inhaltlich kaum nachvollziehbare Kunstwerke

schmirgln	abschleifen, polieren
schmissig	arrogant, abweisend, leichtfertig
Schmoiln	das Innere von Gebäck
Schmonzes	blödes, wertloses Gerede
schmuddeln	etwas abgreifen, liebkosen
schmuddelig	abgegriffen, verbraucht, schmutzig
Schmuus	blödes, wertloses Gerede
schnabulian	etwas genüßlich kosten, naschen

Schnackerl (stessn) — Schluckauf

schnapseln — Schnaps trinken, nach Schnaps riechen

Schnåpsen — beliebtes Kartenspiel

Schnaufarl — altes Fahrzeug; alter Mensch, der kaum Luft bekommt

Schnauza — Schnauzbart, Schnurrbart

schnaxeln — Geschlechtsverkehr haben

Schneckeal — Haarlocke; aufgrund seiner früheren Haarpracht so genannter österreichischer Spitzen-Fußballer

Schneid — Schneide
  Schneid hãbm — Mut haben
  der Wein hot a Schneid — der Wein ist sauer/herb

Schneiz-quadrat — Taschentuch

Schneebrunza — kindischer Kerl; unbedeutender Mensch; seniler, gebrechlicher Mann

Schnipfa — lustiger, frecher Kerl

Schnitzel — im Allgemeinen das Wiener Schnitzel, siehe Kulinarium; auch: Hobelscharte

a **Schnofal** ziagn	die Nase rümpfen, beleidigt aussehen; Schnute
schnofln	näseln, nasal reden; auch: schnüffeln (vorallem Hund)
Schnoiln	Schnalle; Hure
Schnorra	Bettler, Geizkragen, Schmarotzer
schnorrn Heast Oida, schorrst ma a Tschick!?	auf Kosten anderer etwas konsumieren; etwas ausborgen (für den Großzügigen meist ohne Aussicht auf Rückerstattung)
Schnürlsamt	Kord
Schöberl	Suppeneinlage aus Biskuit, Schinken, Kräutern, ...
Schoda	Kleingeld, Schotter
Schöpfa	Schöpflöffel
Schöps, Schöpsernes	Schaffleisch
Schpagåt	Bindfaden
schpännen Du spännst a nix!	etwas bemerken, erkennen Du kapierst ja gar nichts!

Schpåtz	Haussperling; veraltetes Kosewort; Penis; Muskelkater; Mehlspeise; Teiggericht
Schpaazi	Zwischenraum, Reserve
schpeanzln	schauen, liebäugeln, zwinkern, flirten
Schpechtla	Voyeur
schpechtln	meist: lüstern schauen
Schpeis	Speisekammer
Schpenåt-wåchta	Polizist, Gendarm
Schpengla	meist für: Klempner; Mechaniker für Blechschäden beim Auto
Schpenza	Wolljacke, Pullover
Schpezi Schpezl	besonders guter Freund; auch: Spezialgetränk im Stammlokal
schpießn	klemmen
Schpitz	Spitze; Schwips = kleiner Rausch; Fußtritt; Ortsbezeichnung; Zigarettenspitze; Fleischsorte; Hunderasse

Schpitzl	Spion
schpitzln	spionieren
Schpleen	Schrulle
Schpompanadln	Blödlerein; Späße, Unsinn
schpragln	spreizen
Schpringinkal	lebhafter Mensch
schpritzen	Getränke verdünnen; etwas aufgeben oder unterlassen bzw. vorzeitig beenden; blau machen
Schprudler	abfällig für Beine
schpuarn I schlag di, bis das d´spurst.	„spuren", funktionieren, folgen, gehorchen
Schpuckerl	Kleinwagen
Schrammeln	traditionelle Wiener Heurigenmusik, begründet von den Brüdern Johann und Josef Schrammel
Schraaz	abwertend für Kleinkind; auch „Gschraaz" (schreien!)
Schreamsn	Kurve, Schräge

schrumpln	schrumpfen
Schtaberl	kleiner Stock
Schtadl	Scheune, Stall
Schtamparl	kleines Schnapsglas; kleine Person
schtampan de Taubm vom Balkon schtampan	wegscheuchen, wegjagen
Schtaniezl	Tüte
schtauchn a Gschtauchta	zusammendrücken; klein und stämmig gewachsener Mensch
schtangln	Schule schwänzen, vom Schulunterricht unerlaubt wegbleiben
Schteckn	Stock
Schteh-achterl	ein Achtel Wein, das an der Bar aus Zeitgründen stehend getrunken wird
Schteign	Obstkiste, meist aus Holz
schtessn	stehlen

Schtifterl	kleine Flasche Wein oder Sekt
Schtia-woscha	„Stierwascher", Witzwort für Salzburger
schtiar	pleite
schtierln	neugierig stochern, wühlen
Schtessa	Stoß
Schtockarl	Hocker
Schtölzn	Stelze; Eisbein
Schtoppel	Flaschenkorken; kleiner Mensch
schtoppeln	d.h., der Wein riecht und schmeckt nach Kork
Schtopplgeld	Bußgeld, das der Gast in einem Wirtshaus bezahlt, wenn er mitgebrachte Getränke, Speisen konsumiert.
Schtrauka	Schnupfen
schtrawanzn	ziellos umhergehen, streunen
Schtrichbua	Zuhälter
Schtrichmentsch	Hure

Schtriezl	geflochtenes Weißgebäck
Schtriezi	Arbeitsloser, Gauner, Zuhälter
Schtrudel	traditionelle Mehlspeise mit vielen Variationen
schtudian	nachdenken
Schtukadiarta	abwertend für: Akademiker
Schtupp	Kinderpuder
Schturm	gärender Trauben- oder Obstwein
Schtuss	Unsinn
schuastarn	Geschlechtsverkehr haben
Schücha	„Schilcher" (steirischer Wein)
Schümpi	Schimmelpilz
Schupfn	Geräteschuppen
schupfn	etwas vorsichtig werfen
Schurli	Georg
schurln	etwas hastig und hektisch tun; gestresst herumlaufen

schusln	hektisch herumhantieren
Schuuß	Zusatz, Nachschlag
Håst an Schuuß?	Du bist wohl nicht ganz bei Trost?
schwadronian	groß reden
schwafeln	ziellos um den Brei herum reden; sich umständlich ausdrücken
Schwammarl	Pilz
Håst narrische Schammerln gessn?	Bist du jetzt etwa verrückt geworden?
Schwammerling	Pilz
schwanzn	sich ärgern
schwänzn	unerlaubtes Fernbleiben
Schwarzkappler	Kontrolleur in öffentl. Verkehrsmitteln (U-Bahn etc.)
schweinigln	unanständig reden
Schwingerl	kleiner Korb
Schwuchtl	Homosexueller
schwummerlich	benebelt (eigenartiges, weil undefinierbares Gefühl)

Seichal		kleines Sieb; wehleidiger oder unsicherer Mensch
Seidel		1/3 l Bier
seidln		siehe „sudan"
sekkiearn sekant sein		belästigen, jmd. ärgern lästig sein
sempan		lästig um etwas bitten
Senft		Senf
Servas, Servus		vertrauter Gruß
sierig		geizig
Simpal		geflochtener Brotkorb; Schimpfwort
soacha		urinieren
soda		na also, und nun
Soizamt		„Salzamt", eine Behörde, die es nicht gibt
Sozi		Sozialdemokrat (SPÖ)
Steffl		liebevoller Kosename für den Stephansdom

Suam	dummer Mensch vom Land
sudarn	sich unentwegt peinlich beklagen
Sumpa	träger, dümmlicher Mensch
Suarfleisch	Pökelfleisch

Mit an tearischen Taxler is a Kreiz!
- *Mit einem schwerhörigen Taxifahrer hat man seine liebe Not.*

tachinian	sich vor der Arbeit drücken
tädealn	blödeln, kindisch sein
Tafelspitz	Wiener Rindfleisch-Delikatesse
Taferlklassla	Schulanfänger, Erstklässler
Tagwache	Weckruf bei Militär
Tamtam	Aufsehen, Wirbel

Mach net so an Tamtam!

Tandler	Händler, Trödler
Tåschenfeitl	Taschenmesser

taugen
des taugt ma   das gefällt mir
de oide Kraxn taugt nix   das alte Auto funktioniert
                                     nicht mehr so recht

Tatschkarl	zärtliche Ohrfeige, Backpeife
Taxla	Taxifahrer
Tazeal	Tasse, Untertasse
Teixel	Teufel
tepschn an Tepscha hābm	eindrücken eine Delle oder einen Dach- schaden haben
tearisch	schwerhörig
Techtlmechtl	Liebschaft, kurze heiße Affäre
Teschek	einer, der immer von allen ausgenützt wird; Mädchen für alles
Tetschn	Ohrfeige
tigarn eine-tigan	etwas ganz schnell machen sich intensiv mit einer Sache auseinander setzen
tippeln	Karten spielen; Wein- Tippler (Wein-Genießer)
Titten	Brüste

155

Topfen	Quark; Blödsinn
Topfnnega	hellhäutiger, blaßer Mensch
Trafik	Tabakwarenhandlung
Tragarl	generell eine Tragehilfe
tramhappeat	verträumt, verschlafen
Trãmpl	ungeschickte Frau
Tramwei	Tramway, Straßenbahn
es **trawig** hãbm (trabig)	im Stress sein
Tritsch-tratsch	Geschwätz
Trocknhaaza	den Ball trocken ins Tor schießen; Möchtegern
Trödla	Trödler, Zeitschinder
Trümmarl	meist: Hundekot
Trutschn	dümmliche Frau
Tschantz	Chance
Tschåpparl	hilfloses Kind
tschari (gehn) auch: tscharli	verloren gehen, Konkurs machen
Tschäsn	altes Auto, stark abwertend

Tschecherl, Tschoch	kleines Lokal
Tschercher<u>a</u>nt	Trinker, Säufer, Saufkumpane
tschechan	zechen, sich besaufen
Tschep<u>e</u>ck	Schimpfwort für Ausländer
Tschick	Zigarette, früher nur für: Zigarettenstummel, Kippe
Tschick-arret<u>ie</u>ra	jmd., der Zigarettenstummel sammelt und den nicht verbrauchten Tabak wiederverwertet
tschick<u>e</u>n	rauchen
tsch<u>i</u>nagln	schuften
Tschin<u>ö</u>ln	Ohrfeige
Tsch<u>o</u>balwossa	alkoholfreies Getränk
Tschoch	schwere, unangenehme Arbeit, Mühe
Tschokl<u>a</u>t	Schokolade
Tschusch	abwertend für: Ausländer, meist aus dem eh. Yugoslawien; hartes Schimpfwort

Tschuschnkoffa	Plastiksack
tummeln	sich beeilen
tunken	schlummern, dösen; etwas eintauchen
Tunkarl	Schläfchen
Tunöö	Tunnel
tupfen	tippen
Tüpfeal	Pünktchen
tuschn	laut krachen, zusammen- prallen;
Tuscha	Wolkenbruch; lauter Krach
Tutta a junga Tutta	ein unreifer Jüngling

U

De Urschl steht si´s auf den ubawutzlten Ungustl.
- *Das dumme Mädchen ist auf den alten, widerlichen Menschen abgefahren.*

übah<u>a</u>ps	ungefähr, vorschnell
überkand<u>i</u>delt	übertrieben
übareißn, übanåsarn	verstehen, begreifen
übatauchn eine Grippe übertauchen	überstehen eine Grippe übergehen
übaw<u>u</u>zelt	schon nicht mehr ganz jung
übaz<u>u</u>ckearn	siehe „überreißn"
Uh<u>u</u>dla	originelle Weinspezialität
uman<u>å</u>nda	ringsherum, umher
umihebm	betrügen
Um<u>u</u>rkn	Gurke
umscheibm	über den Haufen fahren, etwas umwerfen

159

Ungustl   widerlicher, ungustiöser Mensch

urassen   verschwenden

Urschl   dummes Mädchen

V

Va-zupf di und låss mi āñglaant! - *Verschwinde und lass mir meine Ruhe!*

va-bandelt	verliebt, befreundet (z.B. Freunderlwirtschaft)
va-drahn	verdrehen, verkaufen
va-gogln	vermasseln, trödeln, Zeit verschwenden; sich irren, sich vertun
va-hatscht	formlos, ausgetreten, verdorben
Vahåckarts	„Verhacktes", Brotaufstrich aus kleingehacktem Räucherspeck
va-hätscharln	überfürsorglich, verwöhnen; verziehen
va-jankan	verstecken; verschwenden, verspielen
va-klopfn	verhökern

va-kutzn	sich verschlucken
va-kühln	erkälten
Vaküh(l) di!	Na, trau dich mal!
Valängerta	kleiner, mit Wasser gestrecketer, Mocca
va-mantschn	vermischen, vermengen
va-mudln	verknittern, verknüllen
va-mankeln	vertuschen, verheimlichen
va-nådan	verraten, verleumden
Vanilli	alter Begriff für Knoblauch
va-nudln	zerkittern
va-plempan	verschwenden
va-roiln	sich entfernen
va-scheppan	verkaufen (meist zu schlechten Bedingungen für den Verkäufer, z.B. Notverkauf)
va-sumpean	herunterkommen, wo hängen bleiben, verkommen
va-transchn	verderben, vergeuden
va-woartageln	etwas unbrauchbar machen

va-wurschteln	verwechseln, verlieren, verlegen
va-wurschtn	verarbeiten, verwenden, recyceln
va-wutseln	verknittern
va-zaan ins Wirtshaus verzahn	jmd. (gegen sein anfängliches Sträuben) verschleppen;
va-zapfn	Unsinn reden
va-ziarn	vagabundieren
va-zupfn „Va-zupf di und lass mi āglaant!"	davonmachen „Verschwinde und lass mir meine Ruhe!"
Vettl	alte Frau
Voglbeere	Beere der Eberesche
Vogarlsalat	Feldsalat
Vuastådt-kasanowa	Frauenheld aus dem Vorstadtmilieu

Manchmoi, waun i in Spiagl schau, hauat i mi am liabsten weg
(Trude Marzik). - *Manchmal, wenn ich mich selbst im Spiegel sehe,
fühle ich mich unansehnlich.*

Wachauer Lawarl	Gebäck aus Roggen- und Weizenmehl
wacheln	winken
Wåchta	Polizist
wåglat	wackelig
währat	während
Waldviertler Knödel	spezieller Kartoffelknödel
Wămpen	fetter Bauch, Hängebauch
wămpat	fettbäuchig
Waa	Delle (beim Auto)
Wappla	Dummkopf, Trottel
Wåscha	große Hände

Waschl		Reinigungslappen aus Stoff, Kunststoff oder Metall
waschlnåß		triefnaß
Wasarl		hilfloser, schüchterner Mensch
wassan		gießen; mit Wasser ver- dünnen; spritzen (Wein)
Watschen		Ohrfeige
Watschngsicht		Ein Gesicht, das zur Back- pfeiffenverabreichung ein- lädt.
Weana Gmiatlichkeit		unübersetzbarer Begriff, für die gemütliche Wiener Lebensart; siehe Seite 178
wech		schmerzhaft, weh, wund
Weckarl		Kleingebäck
a **Weckn** Brot		Brotlaib
Wee		ausgenützter Mensch, Verlierer, Looser
Weibara		Casanova, Frauenheld
Weidling		Schüssel, Ortsteil von Wien (Weidlingau)

Weim-bal	Weinbeere; Informant
ei-weimberln	einschleimen, einschmeicheln
Wein-beißa	Weinkenner, -genießer; Lebkuchengebäck (Pfeffernüße)
Weisl	
Sie hot ma den Weisl gebm.	Abfuhr (bekommen)
we̲i̲ssinga	weiß anmalen, streichen
Wepsn	Wespe; lästige Person
Werkl	Maschine; Unternehmen; Vorhaben
des Werkl wiat scho rennat	das Ganze wird schon funktionieren
Westntaschn-Napoleon	Möchtegern-Diktator
Wettafrosch	Meteorologe
wichsn	polieren; auch: onanieren
Wickl	Problem, Streit
Wiglwogl	Unentschlossenheit
Wimmarl	Pickel
wischarln	urinieren

Wuchtel	siehe Buchtel; Schimpfwort für dicke Person
wüd	wild
wuggi	belämmert
wunzig	winzig
wurlat	aufgeregt
wurln	wimmeln, kribbelig
Wuarscht	Wurst
des is ma Wuascht	mir ist das egal
wuarschtln	so recht und schlecht davon kommen
åwurschtln	sich abmühen
Wusch!	Ausruf der Überraschung,
Na wusch!	des Erstaunens
Wuwu	böser Mann in der Klein-kindersprache
wuzeln	rollen, drehen;
a Tschick, an Tschoint	sich selber etwas
söba wuzln	zum Rauchen drehen
Wuzarl	etwas Gewutzeltes
wuzleat	klein, dick

Wegn dera Zwidawurzn håb i mi den gānzen Tag zaschpraglt.
- Wegen dieser schlechtgelaunten Person hatte ich den ganzen
Tag über Stress.

zaach   zäh, ausdauernd

zaahn   ziehen
  eine-zahn   jmd. hineinziehen

zakseln   ziehen

Zåpfn   Zapfen
  an Zåpfn hots heit   heute ist es sehr kalt

za-schpragln   sich überarbeiten; an
                                       mehreren Sachen gleich-
                                       zeitig arbeiten und gera-
                                       de noch den Überblick
                                       bewahren

Zecharl   Zehe

Zechn   widerliches Weib

Zeck   Zecke
  Sau-zeck   lästiger Mensch

Zedl	Zettel, siehe „Kaas-blattl"
ze-f<u>ix</u>!	Ausruf der Verärgerung
z<u>ei</u>tig i bin scho zeitig in da Fruah in da Hackn	reif zeitig in der Früh in der Arbeit sein
Zölla	Sellerie
Zezn	schwächliche, wehleidige Person; heikel beim Essen sein
zfleiß zfleiß geh i ins Beisl	jetzt erst recht; gegen jmd. Willen etwas tun jetzt gehe ich erst recht ins Wirtshaus
Ziag o!	Verzieh dich!
Zib<u>e</u>bn	Rosinen
Zich<u>o</u>ri, Zig<u>u</u>ri	Kaffee-Ersatz aus den Wurzeln der Wegwarte
Zickn måchn	sich unschlüssig gegen etwas wehren; trotzen
zig<u>ei</u>nan	herumziehen
Zipf	Zipfel; Penis; langweiliger Mensch
Zippal	(Fuß-) Gicht, Zipperlein

Z<u>i</u>zal	Kleinigkeit
z<u>i</u>zarlweis	kleinweis, in kleinen Stückchen
zm<u>e</u>rschat	zerschlagen
znepft	zerrissen, verwirrt, verwahrlost, durcheinander (geraten)
Zniachtl	magerer, kleiner, schwächlicher Mensch
Zodn	ungepflegte Haare
Zores	Ärger
zsammdrahn	anstellen, anrichten, Probleme machen
zsammläppan	sich ansammeln
zsammprackt	zusammengedrückt; erschöpft oder k.o. sein
zsamm-stauchn	beschimpfen, tadeln
zsammwåchsn	zusammenrappeln, sich einigen
zua sein	völlig betrunken sein

zua-drahn	Schluß machen (beim Kartenspiel)
Zuagrasta	ein zugezogener Fremder (meist argwöhnisch von den Einheimischen betrachtet)
Zua-racha	Kellner, der servieren, aber nicht kassieren darf; Baugehilfe
Zuckarl	Bonbon
Zumpfarl	Penis
Zund	„Zünder"
der is mit an Zund bei dera Sach	jmd. ist mit viel Elan bei der Arbeit;
an Zund gebm	einen geheimen Tipp geben, der eine Sache ins Rollen bringen - „entzündet"
Zuwizahra	Fernglas
zuzeln	saugen; beim Sprechen mit der Zunge an den Zähnen anstoßen
Zuzl	Schnuller, Lutscher
zwaa, zwoo	zwei
Zwetschke	Pflaume, Zwetsche

171

Zwetschkn-fleck	Pflaumenkuchen
Zwickl	naturtrübe Bierspezialität
Zwickabussl	kleines Küßchen, bei dem mit den Fingern in die Wangen gezwickt wird
zwida sein	schlecht gelaunt sein, etwas unangenehm finden
Zwidawurzn	mißmutiger, schlechtgelaunter Mensch
zwifeln	nach Zwiebel riechen
zwinseln	blinzeln
Zwirnblada	extrem dünner Mensch, vergleichbar eben mit einem Zwirn
Zwirnscheissa	ein umständlicher Mensch
Zwutschkal	etwas ganz Kleines, kleine Person
zwutseln	zerwuzeln, zerdrücken

Die geläufigsten Wiener Vor- und Spitznamen

Adi	Adolf	**Daani**	Daniela
Alf	Alfred	**Dedarl**	Theobald,
Anni	Anna		Theodor
Anschi	Angelika	**Didi**	Dietmar
Baazi	Onkel, Freund	**Dolf**, Dolfi	Adolf
Babs, Babsi	Barbara	**Dorli**, Dolli	Dorothea,
Bartl	Bartholomäus		Dolores, Doris
Belli, Bella	Isabella	**Edi**	Eduard
Beartl	Robert, Hubert	**Efi**	Eveline, Eva,

Babsi   Feadl   Dani   Didi   Efi   Christl

	Rupert, Bert-		Evelyn
	hold, Albert	**Elfi**	Elfriede
Biene	Sabine	**Ernschtl**	Ernst
Burgi, Purgl	Walpurga	**Earschi**	Erwin
Buarli, Bubi	kleiner Bub;	**Fanni**	Josepha
Buarschi	liebevoller Aus-	**Feidl**	Veit, Vitus
	druck für einen		(St. Vitus,
	Freund		Schutzpatron
Christl	Christina, -e		der Schau-
	Christa		spieler)
Daggi	Dagmar	**Feardl**	Ferdinand

Fiffi	Friedrich, Friedericke	**Hansi**, Hansl	Johann (-a), Hans
Fini	Josefine	**Heinzi**, Heinzal, Heini	Heinrich
Floo	Florian		
Franzi, Franzl	Franz, -iska		
Friedl	Friedrich, Friedericke	**Heli**, Helmi, Höömerl	Helmut
Gearli	Gerlinde	**Hearmi**	Hermine
Gisi, Gisl	Gisela	**Hias**	Matthias
Gitti, Gittl	Brigitte, Brigitta	**Hubsi**	Hubert
		Joschi	Josef
Gredl, Gretti	Margarethe	**Karli**, Koarl	Karl

fiffi Kuarti Kati Joschi Friedl Liesl

Gucki	Spitzname für schöne Mädchenaugen	**Katl**, Katti	Katrin, Katharina
		Klärchen	Klara, Claire
Guddi	Gudrun	**Kleezi**	Clemens
Gundl, Gundi	Gundula	**Kuarti**, Kuartl	Kurt
		Lene, Leni	Helene, Lena
Gusti	Augusta	**Leo**	Leopold
Gustl	Gustav, August	**Liesl**	Lisa, Elisabeth
Hanni, -al	Hannelore, Hanne, Hanna, Johanna	**Lindscharl**, Lintschi	Karoline, Pauline
		Lotti, Lottl	Lieselotte

Mandi	Manfred	**Petzi**	Petra, Petra
Mani, Manu	Manuela	**Poidl**, Poldi	Leopold, Leo-
Mariandl	Marianne		poldine
Maridl, Marie	Maria	**Reini**	Reinhard,
Matz	Matthias		Reinhold
Maxi, Maxl	Maximilian	**Resi**	Theresia
Michl, Michi	Michael	**Ricki**	Friedericke,
Mienarl	Hermine		Ulrike, Erika
Milli	Emilie	**Ritschi**	Richard
Miarzl	Maria	**Rosa**, Rosi	Rosalinde, Ros-
Mischi	Michael		witha
Mizzi	Maria	**Schaani**	Johann

Mani   Maxi   Ricki   Poidl   Nanni   Moni

Moni	Monika	**Schoarsch**,	Georg
Mundl,	Edmund	Schoaschi	
Mundi		**Schtriezi**	kleiner Gauner
Naaz, Naazl	Ignaz	**Schuarli**	Georg
Nanni,	Anna	**Seffarl**	Josefa
Nannal		**Sepp**, Seppl,	Josef
Netti	Elisabeth,	Seppi, Seppal	
	Barbara	**Sissi**	Elisabeth
Pauli	Paul, Pauline	**Sofarl**, Soffi	Sophie
Peda, Pedal	Peter	**Spezi**, Spezl	ein guter, inti-
Pepi, Pepal	Josef, Josefine		mer Freund;
Petz	Peter		„Hawara"

Steffi, Steffl	Stefan, Stefanie	**Vettarl**	Elisabeth,
Stoffl, Stoffi	Christoph		Barbara
Susi, Susal	Susanne	**Vroni**	Veronika
Süvarl	Silvia	**Walli**	Waltraud
Tomarl	Thomas	**Wastl**, Wasti	Sebastian
Toni, Tonerl	Anton, -ia	**Wawi**	Barbara
Traudl	Waltraud,	**Wetti**	Barbara
	Edeltraud	**Woifarl**,	Wolfgang
Trudl, Trudi,	Getrude	Wolfi	
Trude		**Xandl**, Xandi	Alexander,
Tschudi	Judith		Alexandra
Tuarl	Arthur	**Xavarl**	Xaver
Ulli	Ulrike, Ulrich	**Zilli**	Cäcilia
Uarschl, Ursi	Ursula	**Zenzi**	Kreszentia

Wiener Bezirke

1	Innere Stadt	13	Hietzing
2	Leopoldstadt	14	Penzing
3	Landstraße	15	Rudolfsheim-
4	Wieden		Fünfhaus
5	Margareten	16	Ottakring
6	Mariahilf	17	Hernals
7	Neubau	18	Währing
8	Josefstadt	19	Döbling
9	Alsergrund	20	Brigittenau
10	Favoriten	21	Floridsdorf
11	Simmering	22	Donaustadt
12	Meidling	23	Liesing

Gschichtln und Weanaliada

De Weana Gmiatlichkeit
Erzählung

Es war ein lauer, frühsommerlicher Samstagabend, der zarte Duft der ländlich anmutenden Vorstadt lag in der Luft, der Vollmond erhellte die engen Gassen und warf kräftige Schatten auf das unregelmäßige Kopfsteinpflaster. Schon von weitem war es dem Tags davor in seinen wohlverdienten Ruhestand getretenen Postbusfahrer Karl N. anzumerken, dass es ihm ein Unmögliches gewesen sein musste, den Heurigen „Das betrunkene Fassl" in geraden Schritten zielbewusst zu verlassen. Vor sich herstolpernd, in eckigen Bewegungen tänzelnd, steuerte er mit einem überraschend gut funktionierenden Orientierungsbewusstsein direkt auf seinen, schon offensichtlich in die Jahre gekommenen Pkw zu, kramte mit ungeschickten Handbewegungen und umständlichen Griffen in der unergründlichen Tiefe seiner weit über den Hüften festgeschnürten Hose, nach dem Fahrzeugschlüssel. Während nun nach und nach das Schneuzquadrat, die Jahresfahrkarte für die Badner Bahn, ein Biertatzerl - Andenken an Grußmugl - und schließlich ein alter Hundert-Schilling-Schein unbemerkt zu Boden fielen, ergriffen die zittrigen Finger, begleitet von einem tief aus der Magengegend kommenden Seufzer, endlich doch den Schlüssel. Wie lange es noch dauerte, bis Karl N. das klemmende Türschloß aufgesperrt hatte, welche akrobatische Künste dieser dabei auch noch bewies, kann sich der Leser mit einigermaßen guter Fantasie selber vorstellen. Nachdem es ihm nach mehrmaligen Anfahrversuchen nun geglückt war, das Auto auch noch in Richtung „Drei Weinreben", dem nächsten Ziel seiner Heurigen-Tour, zu lenken, verfiel N. in eine derart tiefe Konzentration auf die geplante Fahrtroute, dass ihm der stark angeheiterte Johann Hawlicek, Frühpensionist und ehemaliger Installateur, der gleichzeitig zu Fuß die Straße zu queren versuchte, gar nicht auffallen konnte. Aus dieser Unvorsichtigkeit heraus kam Hawlicek vor dem ausrollenden Fahrzeug zu Fall, und blieb dort, zwar völlig unbeschädigt, aber dennoch regungslos, liegen. Bevor sich jedoch Karl N. noch aus seinem Auto herausquälen konnte, tauchte plötzlich von irgendwo und aus dem Nichts der ebenfalls nach starkem Traminer-Genuß schwer beeinträchtigte Trafikant Bogner auf einem Fahrrad kommend auf, übersah den regungslosen Hawlicek, kam zu Sturz und fiel gegen die halb geöffnete Tür von N.´s Pkw. Dabei prallte Bogners Doppelliter Wein, den er unvorsichtigerweise auf dem verrosteten Gebäckträger des Fahrrades eingeklemmt hatte, zuerst gegen die Windschutzscheibe des Pkws und zerbrach schließlich an Hawliceks Dickschädel in tausend Scherben. Der edle Inhalt der zwei Liter umfassenden Weinflasche ergoss sich nun in Strömen über das schmerzverzerrte Gesicht Hawliceks und ließ wider Erwarten dessen heitere Gesinnung zum Vorschein kommen. Während Hawlicek, umringt von den amüsierten Beteiligten, pritschnaß auf der Straße saß und eben damit beginnen wollte, sein Lieblings-Wiener-Lied zu intonieren, fuhr der 58jährige Taxler Brenneis, gleichfalls unter unübersehbarem Alkoholeinfluss, mit seinem funkelnagelneuen Mercedes 300 TD auf das unbeleuchtet abgestellte Fahrzeug Karl N.´s auf.

„Na Servas, wos is des duatn fia a bsoffene Partie, seits angstraat, es Trottln?", mehr brachte Brenneis nicht mehr von den Lippen, da hatte er auch schon ein Viertel Nußberger in der Hand, seine energisch verzerrten Gesichtszüge wechselten zu einem lieblichen, aber leicht gequälten, Lächeln und prostete mit einer emotionalen Geste seinen neuen Brüdern zu. Dieser vertraute Moment glückseliger Tschecherei wurde plötzlich von dem lauten Quietschen glatziger Reifen jäh unterbrochen, gefolgt von dem dumpfen Scheppern sich einander allzu sehr intim nähernder Fahrzeuge. Fröhlich singend und sichtlich dem Grünen Veltliner verfallen, purzelten aus dem ramponierten Kleinbus ein Grüppchen Tiroler Schlachtenbummler hervor, die sich gleich laut grölend mit den Wiener Tscheceranten kollegial verbrüderten. Eine gesangliche Hymne auf den Wiener Wein finalisierte daraufhin in einer mehrstimmigen Chorfuge, aus den nahegelegenen Heurigen strömten begeisterte Gäste, Heurigentische türmten sich mitten auf der Straße, Liptauerbrote und Bratlfett wurden gereicht und die altehrwürdigen Mauern des kleinen Wiener Heurigenortes wurden erhellt von dem glöckchenartigen Klirren zuprostender Weingläser. Als hätte man schon längst damit rechnen müssen, hatte das laute Ambiente des nächtlichen Straßenfestes auch schon den vom Ort des Geschehens maximal 50 Meter entfernten Polizeiposten in Aufmerksamkeit versetzt, so dass auch schon ein Einsatzwagen, begleitet von Blaulicht und Sirene, schlangenlinienförmig auf das bunte Treiben zu kam. Dem quer über die Straße abgestellten Einsatzwagen entstiegen zwei sichtlich gute Freunde der Wiener Weinkultur, bestens gelaunt, und reichten den Nächststehenden unaufgefordert je eine Bouteille Neuburger, Spätlese 1989. Der grelle Mondschein wurde langsam von der aufziehenden Morgenröte verdrängt, die ersten Amseln sangen schüchtern ihr Lied in die widerhallenden Gassen und aufgeschreckte Tauben flogen hektisch in den morgendlichen Himmel. Zwei Häuserblöcke von dem geselligen Straßenfest entfernt, konnte der aufmerksame Betrachter das vorsichtige Öffnen einer Haustüre beobachten. Eigentlich war er ja zu dem Zeitpunkt auf Dienstreise im fernen Japan, der ehemaliger Präsident der Wiener Polizei (mittlerweile der greisen Last des hohen Alters erlegen), aber es war keinem aufgefallen, dass er sich nun - schlampig uniformiert - dem regen Treiben in bester Laune anschloss, sich nach drei Viertel Müller-Thurgau auf einen Heurigentisch stellte und gerührt vor so viel „Weana Gmiatlichkeit" lauthals „Die Reblaus" von sich gab.

Dass diese Geschichte auch irgendwann einmal ein Ende finden musste, dass dabei vielleicht auch ein Wiener Ex-Bürgermeister, ein Wiener Baumeister oder einige Regierungsmit......r irgendwie irgendeine Rolle gespielt hatten ... - wie auch immer, irgendwann einmal waren sämtliche Wiener Weinvorräte aufgebraucht und das Leben der österreichischen Hauptstadt konnte wieder in alltägliche Bahnen gelenkt werden.

Bam Heurign

De Hausmastarin aus da Favoritnstråssn Viaravierzg, de Horwat Mizzi und ihr oide Freindin, de Kathi aus´m drittn Stock, hukkan ban Heurign. Noch a poa Viartln sehngans a Ehepoar, wos miteinånd si gråd auf an Tisch zuwahuckt.

Mizzi: „Du, hearst, de Frau von dem, de kånn an scho load tuan."

Kathi: „Wieso, manst des?"

Mizzi: „Na, siagst eh, sie s gråd amoi viarzg und ihr Oida hat´n Siebzga scho lång vurbei!"

Kathi: „Schaut åba no recht fesch aus, des Mannsbüd."

Mizzi: „Scho, åba årbeitn wiard er hoid nimma recht kenna!"

Kathi: „Geh wieso, der håt sicha a guate Pension."

Mizzi: „Du Trutschal, ned in da Håckn, bei ihr daham in da Hapfn. A Frau mit vierzg håt do a no ihre Gefühle, i was des gånz genau!"

Kathi: „Då siachst, dåss du di überhaupt net auskennst. Wånn ana a guate Pension hat, da kånn man drauf vazichtn!

Übersetzung: Beim Heurigen

Maria Horwat, Hausmeisterin in der Favoritenstraße 44 und Kathi, ihre alte Freundin, aus dem 3. Stock, sitzen beim Heurigen. Nachdem beide bereits ein paar Viertel Wien getrunken hatten, sehen sie ein Ehepaar, das sich gerade an einen Tisch setzt.

Maria: „Du, hör einmal zu, die Frau von dem Mann, die kann einem ja nur leid tun."

Kathi: „Wieso, glaubst du?"

Maria: „Du kannst dich ja selbst überzeugen, sie ist gerade ein mal vierzig und ihr Mann ist sicher schon über siebzig!"

Kathi: „Wirkt aber noch recht rüstig!"

Maria: „Das will ich ja nicht bezweifeln, aber arbeiten wird er halt nicht recht können."

Kathi: „Wozu auch, er bezieht sicher ein üppige Rente."

Maria: „Stell dich doch nicht so an, ich meine ja nicht, dass er in der Arbeit nichts mehr zusammenbringt, sondern im Bett! Schließlich hat doch auch eine Frau um die vierzig Jahre noch ihr sexuelles Verlangen. Ich kann dies nur aus eigener Erfahrung bestätigen."

Kathi: „Da siehst du, dass du dich überhaupt nichts auskennst. Wenn ein Mann eine gute Pension hat, dann brauchst du den Sex nicht.

Pfingstpartie

Mündlich überliefert

Heut bleibt gewiß ka Mensch net z Haus,
ållas was Fiass hat, des rennt schnö hinaus.
I wär, meina Seel, a recht schön bled,
wån i in Wean bleibat und då huckn tät.

Erst der Gestänk, dann de haaßn Staana,
rennt ma se eh gråd, wund de oidn Baana,
und dånn erst da Staub, in dera schiachn Hitz -
na z`Haus bleibm warat - a schlechta Witz.

Åls dann, Oide, schau dazua,
dass i murgn in da Fruah
um Viere kriag an starkn Kaffee,
wäu uma drei miass mia schon aufdasteh.

Jessas, in da Fruah, wår des a Gschnoda,
bin schon fertig liaba Våtta,
Franzl, wo san de Schuach, Lottl, wo´s Mieda
då stölls her und durt leg´s nieda.

Endlich fertig, und marsch hinaus!,
und ålle rennan aus n Templ raus.
Jetzt sans a scho drinn, in da Bahnhofshalle,
Oide, Kinda, sammas alle?

Siebm Stück Kårtn, Herr Kassier,
wånn is da Zug denn endlich hier?
Vielleicht in 10 Minuten - Danke sehr.
Oide, Kinda, do kemmts her!

Jetzt ertönt des erste Leitn,
an Sitzplatz suachn, muasst bei Zeiten.
Jetzat scho wieda - Servus Wien!
und se fåhrn schon nach Nußdorf hin.

Vota, wånn kumman die Saletta,
wånn de Donau - de kummt späta.
Mama, wo is denn eigentlich die Lottl?
Na, wo solls sein, im Zug, du Trottl.

Måch halt d Augn auf, sie is net då,
Jessasmaria, des Kind geht å!
I habs dewäu no deutlich gsehn,
in Wean am Båhnhof druntn stehn!

Wieso håst nix gsågt? - I håbm ma nix denkt!
Du Blunzn, di nimmt kana, ned amoi gschenkt.
Zruck in d Stådt schnell, hast jetzt fåhrn,
des Göld fia de Kårtn ist a no valohrn.

Da nächste Zug, der kummt umma Neune,
do miass ma halt z´Fuaß in d Weana-Stådt eine.
Und bei dera haaßn Summahitzn,
muass se der årme Depp an oweschwitzn.

185

Nåch Stundn des Hatschns siacht ers da huckn,
des arme Madl, plaazat unta da Bruckn.
Do påckt er´s a scho und gibt ihr a Flåschn,
oh Schreck, dem Mensch fallt owa de Tåschn.

Mit d Gsöchtn drin und ana Flåschn Wein,
de zerbrochn am Bodn hi muass sein.
Då kumman a schon sei Frau und de Kinda
hat se Suagn gmacht, d Muatta, åwa net minda.

Jetzt sieachts as a schon, des klaana Madl,
mit an murdstrum Weinfleck am weißn Kladl.
Und fångt a scho ãn, mit ihrn Oidn zum Knaufn,
siagst, des hast davon, jetzt håbm ma nix z`Saufn.

Wås kånn denn des årme Kind dafür,
wånn du Trottl es steh lasst, allane bei da Tür.
Er tuat net vü sãgn, geht brav nach Haus,
und de hatschate Pfingstpartie, de is aus.

Der Donauwalzer

Österreichs heimliche
Bundeshymne

Mindestens einmal im Jahr blicken Millionen Menschen auf der
ganzen Welt voller Erfurcht, voller Staunen, fasziniert und begei-
stert, romatisch bewegt oder auch patriotisch ergriffen auf das kleine Österreich. Genauer gesagt, auf seine Bundeshauptstadt Wien,
und noch um ein weiteres Detail ergänzt, auf den prunkvollen und
einzigartigen Großen Festsaals des „Wiener Musikvereins": Jedes
Jahr, am 1. Jänner, begrüßt des „beste Orchester der Welt", die
Wiener Philharmoniker, die Weltöffentlichkeit, und feiert das
frischgeborene neue Jahr mit erlesensten Walzerkostbarkeiten. Und
zur Krönung dieses musikalischen Ohrenschmauses darf die klassi-
sche „Zugabe" nicht fehlen, der „Donauwalzer".
Dieses Opus 314 des „Walzerkönigs" Johann Strauß Sohn wurde in
seiner ursprünglichen Fassung bereits 1867 erstmals gesungen, liegt
aber erst seit 1890 in seiner populären Version „An der schönen
blauen Donau" vor. Von da an eroberte diese „Liebeshymne an
Österreich" die gesamte Welt und ist heute ein musikalisches
Syno-nym für unser Land - mit dem inoffiziellen Stellenwert
einer Bundeshymne.
Ein kurzer Ausflug in die Musikgeschichte zeigt die ersten belegba-
ren Nachweise des „Walzers" in der 2. Hälfte des 18. Jahrhunderts.
Zu dieser Zeit war der Walzer noch keinesfalls konzertreif entwik-
kelt, sondern galt als ländlicher Gesellschaftstanz, bei dem sich die
Tanzpartner miteinander „walzten", sich also drehten. Bekannt war
diese Vorstufe zum „Wiener Walzer" unter den Bezeichnungen

„Ländler" oder „Deutscher Tanz" und wurde bereits von Beethoven und Schubert ins musikalische Repertoire aufgenommen. Anfänglich zwar nur ein einfaches und spielerisches Musikstück, wurde der Walzer sehr schnell gesellschaftsfähig, trotz mehrfacher Proteste, dass er unmoralisch sei und dass die schnellen Drehbewegungen sich negativ auf die Gesundheit der Tänzer auswirke. Josef Lanner und Johann Strauß Vater waren zu Beginn des 19. Jahrhunderts von dieser Gesundheitsgefährdung des Walzer kaum beeindruckt und komponierten gleich eine unerschöpfliche Vielzahl dieses Tanzes im Dreiviertel-Takt.

Von nun an war der Erfolg des Walzers nicht mehr stoppen. Aus dem einfachen ländlichen Tanz entwickelte sich eine komplexe Konzertform, auf kompositorischen Elementen der Klassik aufbauend, mit Introduktion und Coda. Aus dem „schleifenden" Tanzschritt (daher auch Walzer - walzen = drehen, schleifen) entwickelte sich ein eleganter Rhythmus mit dem berühmten „kurzen zurückhaltenden Moment".

Anfangs noch in den Fußstapfen des Vaters, machte schließlich Johann Strauß Sohn (1825-1899) den Wiener Walzer weltberühmt. Konzertreisen durch ganz Europa, der „Donauwalzer" bei der Weltausstellung in Paris und schließlich die Amerikareise 1872, verhalfen dem Walzer zu seinem weltweiten Siegeszug.

Einige der berühmtesten Werke des Walzerköniges:
Donauwalzer (1867), G'schichten aus dem Wienerwald (1868), Wiener Blut (1872), Frühlingsstimmen (1883), Kaiserwalzer (1889) usva.
Operetten: Die Fledermaus (1874), Der Zigeunerbaron (1885), Eine Nacht in Venedig (1883), Wiener Blut (1899),...

Wiener Lieder

Das Wienerlied - ein Kulturgut, das wie kein anderes das „Weana Gmiat" in Worten und Tönen eindrucksvoll dokumentiert. Mit überschwänglicher Sensibilität, oft tiefsinnig, scheinbar oberflächlich, wehmütig, morbid, lasziv, derb, selbstverliebt, überheblich, dann wieder humorvoll, deprimierend, erotisch, kunstvoll oder volkstümlich.

Wie auch immer man das Wiener Lied charakterisieren möchte, es hat Jahrhunderte überdauert und an seiner Beliebtheit nichts verloren. Es darf bei keinem Heurigen als Stimmungsmacher fehlen, wird von exzellenten Musikern der anspruchsvollen Musikszene konzerthausreif in Kunstform gebracht oder ist fixer Bestandteil berühmter Werke der Klassik, von Beethoven, Schubert, Strauß, Lanner, Schrammel, Hellmesberger, Lang, bis hin zur Musikszene der Nachkriegsjahre, wie Wiener, Bronner, Wehle, u.s.v.a. und übt seinen Einfluss schließlich auch auf den Austro-Pop der unmittelbaren Gegenwart aus.

In diesem Kapitel sollen nun einige Liedtexte unter Berücksichtigung des jeweiligen Urhebers vorgestellt werden, die die besonders innige Liebe des Wieners zu seiner Stadt unverzichtbar beweisen.

> A Gfühl so baazwach und so zårt,
> was mit Freundschaft und Liebe net spårt,
> håt das Herz von an Menschen gånz gwiß,
> wanns a Weanakind is.
>
> Gschieht a Unglück, auf wenerisch Malheur,
> s letzte Hemad des gebm ma ja her,
> denn des liegt so in unserer Natur,
> kommt bei an Wena allweil vur.

Nach einem Schrammel-Lied

Wenn Wien ohne Wein wär´...

Text: Ludwig Mukulik, Musik: Karl Föderl

1.
Auf und ab geht das Leben
in unserem schönen Wien,
dass es anders auch sein könnt´,
kommt uns går net in Sinn,
seit net bös, wenn dir einmal
das Herzerl auch bricht,
tu den Herrgott nur bitten,
dass nix Ärgeres g´schicht.

2.
Sågst du einmal adieu dieser
wunderschönen Stadt,
die der ganzen Welt Liebe
für sich allein nur håt,
geht ein Liedl dir net aus
´m Herz und ´m Sinn,
singt von herrlichen Frauen,
von Wein und von Wien.

Refrain:
Wenn Wien ohne Wein wär´
und ohne schöne Frau´n,
wånn da Steffl auf uns tät
net oiweu obaschau´n,
wånn an Walzer von Lanner die
Schrammeln nimmer spiel´n,
ja, wie könnt sich a Weanaherz
hamlich dabei fühl´n?
Wenn der Kahlenberg, der alte,
sei Donau nimmer sieht,
in der Praterallee kein
Kastanienbaum mehr blüht,
wånn in Grinzing und Sievering
draußt ausg´steckt nimmer wird,
erst dann verliert der Weana sei G´müt.

Wann i amoi in Himmel kumm!

Text: Hanns Elin, Musik: Franz Wunsch

1.
Für an Weana gibt´s nur ans,
ob er a Göd håt oder kans,
siaße Musi und an Wein
und Maderl, liab und fein.
Ånders können mia net froh sei,
selbst im Himmel muass´s a so sei,
darum waß i wås i tua,
wånn´s so weit is,
hörn´s ma zua:

2.
Neulich tramt ma, füchterlich,
dass i in Himmel eini siech,
jeder red durt nåch da Schrift
und da Wein is går a Gift.
Nur an Himbeersåft für d`Gurgel,
stått de Schrammln spielt a Urgel,
nā då håb´i mich glei draht,
so a Himmel war ma z´fad.

192

Refrain:
Wånn i amol in Himmel kumm,
då schau i z'erst glei umadum,
ob wo a Busch'n hängt, a greana,
denn des is's Landeswappen von uns Weana
und hör i går ganz und stüh
zwa Engerln dudeln voller G'füh,
då jauchz i auf denn i waß g'wiß:
„Das is in Weana sei Paradies!"

Servus Grinzing - Servus Wein!

Text und Musik: Franz Filip

1.
Manchmal kitzln mi die Nerven,
dass is glaub i wär da Nårr,
dann muaß i mein Geist vaschärfen,
sunst wird´s kritisch ganz und går,
jedes Wurt von meiner Ålten
trifft mi hårt und macht mi grau,
dann bin i mit nix mehr z´halten,
weil i niemand mehr vertrau.

I fåhr g´schwind nach Grinzing ´naus
und schütt`mei Herz durt aus:

2.
Mit mein Räuscherl frisch und munter,
wåckl i gånz sicher ham,
denn a Weana geht net unter
und zum Glück gibt´s so viel Bam,
jeder kennt den alten Draher,
der die Sperrstund niemals waaß,
jeder kennt mi als Verzahrer,
doch des måcht mi går net haaß.
I häng an Grinzing spat und fruah
und sing mei Lied dazua:

Refrain:
Servus Grinzing, servus Wein,
es müaßt's alte Freunderln sein,
des waß i, des waßt du, des waß er -
jeds klanste Weanakind g'spürt,
wo ma des Platzerl findt,
des waß i, des waßt du, des waaß er -
durt draußt die harben, echten Baana
tuan net raunzn, tan net waana,
håbm nur einen Wahlspruch:
„Pepi, schenk uns ein!"
Und die Stimmung, die is fein,
durt möcht i begråbn sein.
Servus Grinzing, servus Kinder, servus Wein!

Ja, wenn Wienerisch amal a Weltssprach wird

Text: Hans Werner, Musik: Emmerich Zillner

1.
Jeder Mensch versteht ein
bisserl Wiener Dialekt,
unsre schönen Lieder håbm
den Sinn dafür geweckt,
fertig wär er wordn,
der Turm zu Babel,
hätts schon damals gebm
den Weana Schnåbel.
„Servas Spezi, gemma, gemma,
hutsch ma uns ins Glück!"
Sehns das ist ka Sprach, das ist Musik!
Jedes Wort a Melodie,
jeder Satz a Sinfonie
und ein Wienerlied das Meisterstück:

2.
Meistens sind die Menschen
gleich so bissig aufeinånd,
Kinder, wenn wir ehrlich sind,
so is das eine Schånd!
Muaß man denn gleich beißen,

bölln und kråtzen,
wolln wir gråd so lebm wia
Hund und Kåtzen?
Drum mach ich ein Vorschlag
zur Verbesserung der Welt,
er ist gut gemeint und kost ka Geld:
Jeder måcht in Wien an Kurs,
wo er ålles lernen muaß,
wås ihm zu an echten Weana fehlt:

Refrain:
Jå, wenn Wienerisch amal
a Weltspråch wird,
san die gånzen Wörter-
büacheln ausradiert,
weil man ålles leichter versteht,
wo das Wienerherz mitredt.
Und is aner schwåch in
unserer schönen Språch,
na so helfen wir ihm
mit da Musi nåch:
Bei an echten Wienerlied
håts der Dümmste noch kapiert,
ja, dass Wienerisch amal
a Weltsprach wird.

Der Weana geht net unta

Alte Wiener Volksmelodie

1.
Allweil lustig, fesch und munter,
denn da Weana låsst nix spürn,
geht die Welt glei morgen unter,
so wås kånn uns net schenian.
Für wås sein mia denn nåchher Wena
und mitn Hamur so fesch beinånd,
låssn ma åndre liaba flenna,
denn mia san des går nit gwohnt.

Allweil lustig, fesch und munter,
duli-u-li-e-i, duli-u-li-e-i,
denn da Weana geht net unter
duli-u-li-e, duli-u-li-e.

2.
Wånn uns manchmal gråd wås wurmt a,
gibt's ein Bremsler und s`is guat,
mit an Dudler wird's kuriert g´schwind,
so machts a echts Wena Bluat.
Nur ka G´schpreiztheit und ka Fadsein,
nur kann Nipf, des kenn ma net,
so wås fallt uns net im Schlaf ein,
Traurigsein, das gibt´s halt net.

Allweil lustig, fesch und munter,
duli-u-li-e-i, duli-u-li-e-i,
denn da Weana geht net unter
duli-u-li-e, duli-u-li-e.

3.
Måchn mia amoi de Dummheit
mit an Sprung ins Joch da Eh´,
so schrein mia net wia de
ändern nåch an Jahrl weh.
Denn ob d´Weiba d´wahrsten Engarln
oder d´größtn Teufln san,
das geniert uns net a wengarl,
weil mia kaner treu bleibn tan.

Allweil lustig, fesch und munter,
duli-u-li-e-i, duli-u-li-e-i,
denn da Weana geht net unter
duli-u-li-e, duli-u-li-e.

Drunt im Lichtntal

Volkslied

Drunt im Lichtental,
hint beim Alserbach,
steht a altes Hütterl
mit an Schindldach,
wo die Fenster san fest
verschmiert mit Lahm,
auf so an harbm Grund
san mia daham.

Auf da Franznsbruckn
steht a Wiarschlmann,
da schafft se a Fiaker
a paar Haaße an,
mit da Peitschn schalzt
dann der guate Mann,
då rennan d´Wiarschtln
alle glei davon.

A Schneidamasta macht
am Sonntag in da Friah
Am Kahlenberg hinauf
a klane Landpartie,
und auf amoi kummt
a klana Wind daher
und vom Schneida sieht
ma gar nix mehr.

200

Zwei aus Ottakring

Duett aus der Posse „Die Gigerln von Wien"
Text und Musik: Alexander Steinbrecher

Ich bin vom Galiziberg,
und ich vom Liebhardtstal.

Das ist sehr bemerkenswert,
und ein besonderer Fall.

Schon als Fratzn håbm wir grauft,
haben uns oft sekkiert!

Folglich sind wir für die Eh´ scharf trainiert.

Zwei aus Ottakring, die ghören zsamm,
weils doch zwas Zwetschken san,
vom selben Bam!
Zwei aus Ottakring, das hat ein Zweck,
weils doch zwa Laberln san,
vom selben Bäck!
Es tut nicht gut,
wenn man zu viel suchen tut,
die schönste Lieb
wächst im eignen Hieb. [...]

Ja, s´Lebenschifferl schaukelt hin, schaukelt her

Volkslied

1.
Amoi dorbn, das nächste
Mal wiada drunt,
auf und ab, ja liaba Freind,
so is gsund.
Heute gwinnst, dafia zahlst
morgn wiada drauf,
muck net auf, das is
schon so, der Weltenlauf.

2.
Is net wåhr, es wird mit
alln amoi gar?
Mitn Geld, a mit der
Liab und mit d`Haar.
Drum is schåd um
verlepperte Stund,
Traurigsein is net gscheit
und schon går net gsund.

Refrain:
Ja, s´Lebensschifferl schaukelt
hin, schaukelt her,
der ane fåhrt sich leicht,
der andre halt schwer,
drum wenn amoi a schårfa
Wind beim Schopf dich påckt,
sei net verzågt,
mach aus an Floh
nur kan Elefåntn,
´s is amoi so,
dass d´heute liegst auf Federn,
morgn auf an Stroh,
denn´s Lebn is nur
Berg- und Talbāhn,
drum gfallts an ja so.

A bisserl schwårz und a bisserl weiß

nach einem alten Wienerlied

A bisserl schwårz
dånn a bisserl weiß
mal a bisserl laut
sötana a bisserl leis,
wo vü Schåttn is,
is a vü Liacht,
es kummt daruf ā,
wia ma s siacht.

Oh, du liaba Augustin

Ein altes Wienerleid aus der Zeit, als die Pest
Wien in Angst und Schrecken versetzte.
Augustin steht mit seiner G´miatlichkeit
für den Optimismus, der jene Hoffnung
vermittelt, die damals die einzige Kraft
gegen die schreckliche Seuche war.

Oh, du liaba Augustin,
s Göd is hin, s Mensch is hin
Oh, du liaba Augustin,
ållas is hin!

Wär schon des Lebens quitt,
Hätt i net no Kredit.
Åba s foigt Schritt fia Schritt
mir da Kredit.

Na, und söbst s reiche Wien,
årm ist´s wie da Augustin,
seufzt mit eam im gleichn Sinn:
Ållas is hin!

Jedn Tag war sonst a Fest,
Jetzt åba håbm mia de Pest!
Nur a groß´ Leichnnest,
des is da Rest.

Oh, du liaba Augustin,
leg nur ins Gråb di hin,
Oh, du mei herzållaliabstes Wien,
ållas is hin!

Mein Wiener Kulinarium

Eine kleine, spezielle Auswahl von Wissenswertem aus der Wiener Küche

In einem Buch über das „Wienerische" darf ein kleiner Exkurs in die Wiener Küche nicht fehlen. Gerade hier wird wieder einmal der beachtliche sprachliche Unterschied zu dem sog. Hochdeutschen auffallen. Das beruht im Wesentlichen auf den vielfältigen Einflüsse der ehemaligen Donaumonarchie, so sind böhmische und ungarische Bezeichnungen aus der klassischen Wiener Küche nicht mehr wegzudenken.

Daher wird in diesem Buch dem „Kulinarium" ein eigenes Kapitel gewidmet. An dieser Stelle muss ausdrücklich darauf verwiesen werden, dass dies nur ein kleiner Überblick sein kann, der den kulinarischen Alltag in Wien erleichtern soll. Weiterführende Literatur, die dieser Kurzfassung zu Grunde liegt, findet sich im Literaturverzeichnis angeführt.

-A-

Åchterl

Weinmaß, kleinste offzielle Einheit für das Ausschenken von Wein, 1/8 Liter

Almdudler

Markenbezeichnung einer beliebten österreichischen Kräuterlimonade, mischbar mit Bier oder Wein

Ananas

Gartenerdbeere

Apfelstrudel

Blätterteigstrudel mit geschnittenen Äpfeln, Rosinen, Nüssen (statt Nüsse auch Brösel)

Aranzini

kandierte Orangenschalen, in Streifen geschnitten und auch als „Rohkost" erhältlich. Zur Dekoration, auch mit Schokoladeüberzug, oder pur für Naschkatzen.

Augsburger

abgebratene Knackwurst, mit stark variierenden Beilagen: Erdäpfelpüree, Kohl, geröstete Erdäpfel mit Spiegelei uvm.

kalter **Aufschnitt**	Meist auf einem Holzteller serviert, beliebte Zwischenmahlzeit oder typisch beim Heurigen. Die Zusammensetzung variiert, meist aber Bratenstücke, Käse, Speck, Würste, Paprika, Paradeiser, gekochtes Ei, Kren, Senf u.a.
aus-banln	Fleisch vom Knochen ablösen
aus-bochn	ausgebacken, herausbacken
aus-steckn	„ausg´steckt": Wenn ein Weinbauer einen grünen Reisigbuschen vor die Tür hängt, um damit zu signalisieren, dass er ab sofort seinen eigenen Wein (den Heurigen) ausschenkt - Buschenschank

-B-

Baa	Knochen; Bein
Bacht	Gebäck, Mehlspeise
Båchhendl	Backhuhn

Båckerbsen

schmalzgebackene Teigkügel-chen als Suppeneinlage

Baa-fleisch

Beinfleisch, saftiges Rind-fleisch, aber nicht vom Bein

Bagauna

Schweineart, importiert aus dem ungarischen Bakonyer Wald

Baiser mit Schlag

Windgebäck, gefüllt mit Schlagobers

Bauernschmaus

gemischte Schlachtplatte mit Sauerkraut, Knödel, Würstel, Blunzn, Schweinsbraten und Geselchtem

Baunzal

mittig geteilte Semmel

Beamtenforelle

scherzhaft für die österr. Knackwurst (kalt gegessen, damit wenigstens der Magen etwas arbeitet)

Beisl

urwienerisches Wirtshaus, Kneipe (oft hervorragende Hausmannskost)

Beugerl

Kipferl, meist mit Nuss-oder Mohnfüllung

Beuschl	Spezialität, Ragout aus fein geschnittener Lunge, Herz (vom Rind)

Das Kalbsbeuschl wird mit Wurzelgemüse sehr weich gekocht. Nach dem Auskühlen wird es fein nudelförmiggeschnitten, die Luftröhrenverzweigungen werden entfernt. Hierauf macht man mit viel Schweineschmalz eine dunkle Einbrenn, gibt fein gehackte Zwiebel, läßt sie anlaufen, vergießt mit Essig und der Brühe, gibt das Wurzelgemüse, 1 gestoßene Nelke, 2 gestoßene Neugewürzkörner, 10 gestoßene Pfefferkörner, 1 gestoßenes Salbeiblatt, etwas Thymian und 4 Stück Zucker, etwas Estragonessig dazu und läßt die Sauce gut verkochen. Dann passiert man die Sauce und läßt sie gemeinsam mit dem Beuschel nochmals aufkochen. Dazu werden Semmelködel serviert.

Biagerl	Hühnerkeule
Bienenstich	süße Mehlspeise mit Vanillefüllung, Honig und Mandelüberzug
Bierhansl	im Bierglas zurückgelassener Rest, meist ausgeraucht und lauwarm
Bims	altbackenes Brot
Bischkotte	Biskotte; zweifach gebackenes Biskuit, Basis für die Malakofftorte; Löffelbiskuit

Bischof	Bezeichnung für den wohl-schmeckenden Bürzel beim Huhn (Form einer Bischofs-mütze)
Blaukraut	Rotkraut
Blunzn	Blutwurst
Blutza	Kürbis
Böflamod	„Boeuf à la mode"; Rindfleisch-Delikatesse

Abgelegenes Rindfleisch von der inneren Seite (ohne Knochen) salzt man und durchzieht es mit einer großen Spicknadel schief hinein mit dick geschnittenem Speck und Streifchen von Zunge. Dann umschnürt man das Fleisch mit Bindfaden, damit es in der Form bleibt, legt es in eine tiefe Kasserolle auf Speck, Zwiebelscheiben, Wurzelwerk, ganzen Pfeffer und ein wenig Neugewürz, bedeckt es mit Wurzelscheiben und Speck, gießt Wasser und Wein, von jedem gleichviel, darüber, deckt es gut zu und dünstet es 4 Stunden mit Oberhitze. Beim Anrichten wird der Saft mit den Beigaben über das Fleisch passiert, oder er wird zur Bereitung einer braunen Wurzelsauce verwendet und dem Braten in einer Sauceschale beigegeben. Aus Prato 1896

Bosna

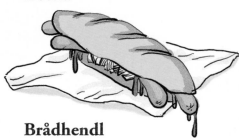

Baguetteförmiges Weißbrot, in der Mitte eingeschnitten, gefüllt mit Bratwürstel, Zwiebel, Senf und stark gewürzt (am Würstelstand erhältlich).

Brådhendl

Brathuhn

Bradl

meist: Schweinebraten

Bradlfettn

Bratenfett, meist vom Schweinebraten, beliebter Brotaufstrich

Bramburi

Erdapfel, auch Kartoffel; der Begriff leitet sich von der tschechischen Übersetzung von „Brandenburg" ab, wo die Kartoffel intensiv kultiviert wurde.

Bredljausn

kalte Zwischenmahlzeit; Käse, Schinken, Speck, Ei, Liptauer, etc. auf Holzteller serviert; siehe auch „Aufschnitt"

Bries

Gericht aus der Brustdürse von jungem Schlachtvieh (meist vom Kalb)

Brimsen

meist mit Paprika gewürzter Schafkäse

Brösl

Paniermehl, fein geriebenes Weißgebäck (Semmelbrösel), meist zum Panieren von Schnitzel; geröstete Brösel sind aber auch Bestandteil von Zwetschkenknödel etc.

Bruckfleisch

Spezialität aus kleinen Fleischstückchen von Innereien

Bschdeck

Besteck

Buarnheutl
Buarnhaxn, Buarnhaud
Buarnwuascht

Burenwurst; „a Haaße" - fette, heiße Wurst, ähnlich der Bockwurst

Buchtel

Dampfnudel, warmes Hefegebäck mit Powidl (Zwetschkenmarmelade = Zwetschenkonfitüre) gefüllt, mit Vanillesauce serviert; s.a. „Wuchtel"

Bugl

= Scherzal. Anfang oder Ende eines Brotes

Bummerlsalat
auch Tschapperlsalat

Eis- bzw. Krachsalat

Butterschmalz

Backfett aus geklärter Butter

Buri

Lauch

-D-

Dalken traditionelle süße Germ-speise, aus Schmalz gebak-ken, mit Zucker, Zimt, Obst etc.

Dåmpf Hunger, Kohldampf; Rausch

Dåmpfl Germ mit Milch und Zucker, Teigbasis für Germspeisen

Dåmpfnudl Hefeteigspeise mit Vanillesauce

Datschkerl gefüllte Teigtasche

Debreziner scharfe, paprikahaltige Wurst; Knackwurst (in Deutschland)

Dirre getrocknete, gedörrte Wurst, Räucherwurst

Doppler eine Doppelliterfalsche Wein

Driwastraha Speise oder Getränk zum Abschluss einer Mahlzeit

Dukatennudeln Mehlspeise aus Hefeteig mit Vanillesauce

-E-

Ei-brenn

angeröstetes Mehl in Fett mit Wasser, Suppe, Wein oder Milch aufgegossen, zum Eindicken von Saucen etc.

Eiernockerl

etwas größere Spätzle mit verquirrelten Eiern

Eierschwammerl

Pifferling

Eiklar

Eiweiß

Eierspeis

Rührei

Einmach

wie „Einbrenn", jedoch speziell als helle Mehlschwitze mit Butter zubereitet

Einspänner

ein Stück Frankfurter oder Wiener Würstel; Kaffeespezialität

Eintropf-suppe

Tropfteig aus Mehl als Suppeneinlage

Eitrige

Käsekrainer

Erdapfel, Erdäpfel

typisch österreichische Bezeichnung für Kartoffel; siehe auch „Bramburi"

Extrawurscht

feiner, kranzförmige Wurst aus Rind- und Schweinefleisch; auch Pariser; Reihnische Fleischwurst

-F-

Faschiertes
Faschiertes Laibchen

Hackfleisch
Bulette, Frikadelle

Fåschingskråpfen

Germgebäck, mit Vanille oder Marillenmarmelade gefüllt

Feinspitz

Feinschmecker

Flaxn

Flachse, Flechse, Sehne

Foam

Schaum, Bierschaum

Foamnudl

Schaumrolle

Frankfurter

gemeinhin oft auch nur als „Wiarschtl" bezeichnet, in Deutschland als „Wiener Würstel" bekannt. Am Würstelstand meist mit scharfem Senf, Semmel oder Brot (auf Anfrage mit Scherzerl bzw. Bugl) erhältlich.

Franziskaner	Kaffeespezialität mit viel Milch, Schlagobers und Schokostreusel
Fressalien	Generell alles Essbare
Fridatten	Frittaten, in Streifen geschnittener Pfannkuchen, sehr beliebte Suppeneinlage

-G-

Ganauser	Gänserich
Gansl	Gans
Germ	Hefe
Germknödl	Mehlspeise aus Hefeteig, mit Powidl gefüllt, mit Mohn und Staubzucker und heißer Butter
Gfruans	Gefrorenes, Speiseeis
Golatschen	Spezialität aus Plunderteig, meist gefüllt mit Topfen (Quark) und Rosinen
Grahamweckerl	Gebäck aus Weizenvollschrot

Grammel	ausgebratene Speckwürfel, Griebe
Grammelbogatscherln	Teigspeise mit Fettgrieben
Grammelknödl	Griebenklöße
Großer Brauner	große Tasse Kaffee mit Obers (Sahne)
g-soilzn	gesalzen
Gschpritzter	Wein mit Soda 1:1 aufgespritzt (= Schorle)
gsölcht	geselcht, geräuchert
Gsölchts	Geselchtes; Räucherfleisch
Gugelhupf	legendärer Napfkuchen
Gulasch	Paprikafleisch; scharfgewürzte Fleischspeise mit viel Zwiebel (meist vom Rind)
Gulaschsuppe	mit dem ungarischen Gulyás vergleichbar
Gummiådler	spöttisch für Brathuhn
Gupf	mit einem Schöpflöffel halbkugelförmig auf den Teller plaziertes Gericht (oder Beilage)

Guarkn	Gurke
Gwürznågerl	Gewürznelke

-H-

Haaße	Spezialität (Würstelstand) siehe „Burenwurst"
Hachl	Küchenhobel
Häferl	Tasse
Häferlgucker	Feinschmecker; einer, der neugierig in die Kochtöpfe guckt
Häferlkaffee	Kaffee mit sehr viel Milch, auch mit Schlagobers; früher auch mit Zusatz aus Feigen, Malz
Halamasch	Halimasch, essbare Pilzart
Haring	Hering
Hausfreund	Küchenhilfe für das Wenden im heißen Fett; Weihnachtsgebäck

219

Heidelbeere	Blaubeere
Hendl (Henderl)	Huhn
Hendlhaxn	Hühnerkäule
Herrnpülz	Steinpilz
Hetschapetsch (Hetscherl)	Hagebutte
Heurige	früh geerntete Kartoffeln
Holla	Holunder

-I- & -J-

Indian	Truthahn
Jause jaunsna	Zwischenmahlzeit eine Jause einnehmen

-K-

Kaas	Käse
Kaiserschmarren	Mehlspeise aus gerissenem Eierteig, mit Rosinen, dazu Zwetschkenröster (Pflaumenkompott)

Der Kaiserschmarren

Wie so oft, wenn es sich um die Historie eines Gerichtes handelt, ranken sich auch um den Ursprung des Kaiserschmarrens zahlreiche Gerüchte.
Nachweisbar belegt ist angeblich nur jene Tatsache, dass Kaiser Franz Josef den Genuss dieser Mehlspeise durchaus zu schätzen wusste.

Rezept:
6 Eidotter, 2 Löffel Zucker, 1/4 Liter Milch und 20 dag. Mehl werden miteinander fein abgerührt.
Anschließend fügt man festen Schnee aus 6 Eiklar hinzu, ergänzt mit einer Prise Salz. In einer weiten und flachen Kasserolle wird Butter geschmolzen, man gießt die fertige Masse ein und mengt zahlreiche Rosinen hinzu. Nach einigen Minuten des Backens wird der Schmarren in einzelne Stücke zerteilt und auf der anderen Seite angebakken. Zum Anrichten ist der Kaiserschmarren mit Zucker zu bestreuen.

Der Kaffee hat in Wien bereits eine lange Tradition. Kaffeespezialitäten gibt es in zahlreichen Variationen: Melange, Großer Brauner, Kleiner Brauner, Häferlkaffee, Einspänner, Kaisermelange, Franziskaner, Fiaker, Kapuziner, Kurzer, Verlängerter, Mokka, Schale Gold, ...

Das Wiener Kaffeehaus ist fast so was wie eine Institution, ein Kulturgut oder Wahrzeichen, mit langer Tradition. Das erste Wiener Kaffeehaus war bereits Ende des 17. Jahrhunderts öffentlich zugänglich, seinen Höhepunkt erlebte das Wiener Kaffeehaus im Biedermeier. Traditionelle Kaffeehäuser haben ihre Wurzeln im 19. Jahrhundert; in dieser Epoche entwickelte sich auch eine Kaffeehaus-Kultur-Szene namhafter Künstler („Kaffeehaus-Literaten"). Auch heute noch finden Vernissagen, Buchvorstellungen, Pressekonferenzen (politischer Parteien) in elitären Kaffehäusern statt. Das Kaffeehaus ist eine Stätte der Ruhe, der Entspannung, hier hat man Zeit zum Lesen, Schreiben oder Philosophieren.
Eine Auswahl traditioneller Kaffeehäuser: Dommayer, Central, Griensteidl, Landtmann, Hawelka u.a.

Kap<u>au</u>ner	kastrierter Masthahn
Kapuziner	großer Mokka mit einem Spritzer Milch oder Schlagobers
Karfi<u>o</u>l	Blumenkohl
Karnickel	Kaninchen
Kåschernåt	Mischmasch, Eintopf, Sülze
Kerschn	Kirsche
Kleiner Brauner	kleine Tasse Kaffee mit Obers vgl. Großer Brauner
Knacka	Knackwurst; (in Deutschland auch Bockwurst, Wiener oder Frankfurter)
Knödel	Kloß aus Teig, Mehl, Kartoffeln, kann gefüllt sein, z.B. Fleischknödel, Grammelknödel. Nahezu unerschöpfliche Varianten z.B. Semmelknödel
Knofl	Knoblauch; siehe auch „Vanille"
Knoflzechn	Knoblauchzehe
Kölch	Grünkohl

Kohlsprossaln	Rosenkohl
Kolatsche	siehe Golatsche
Kracherl	kohlensäurehaltiges Getränk mit Fruchtgeschmack
Krainer	Wurstsorte, Käsekrainer
Kråpfen	Schmalzgebäck aus Hefeteig meist gefüllt mit Konfitüre
Kraut	Weißkohl, Sauerkraut
Krautfleckerl	quadratisch geschnittene Nudelteigstücke mit Weißkohl, gelegentlich mit kleinen Speckstücken, stets mit Zucker, Salz und viel Pfeffer gewürzt

Krautfleckerl

Man löse einen Krautkopf auseinander, entferne von den einzelnen Blättern alle Rippen, hacke das Kraut fein zusammen, gebe es in eine Schüssel, salze es gut und lasse es, wenn es gut durcheinander gemischt ist, zugedeckt eine Weile stehen. Wenn es ziemlich feucht geworden ist, drücke man alles Wässrige gut aus und dünste das Kraut mit ziemlich viel Butter und etwas Zwiebel, ohne etwas anzugießen, bis es weich und gelblich, aber nicht braun ist. Kurz vor dem Anrichten gebe man in Salzwasser abgesottene, gewöhnliche, ziemlich groß geschnittene Fleckerln darunter. Nach Wagner 1996

Kren	Meerrettich
Krenfleisch	Steirisches Wurzelfleisch (fettes Schweinefleisch mit Wurzelgemüse, Meerrettich und gekochten Kartoffeln)
Krenreibm	Kren (Meerrettich) reiben
Kriacherl	kleine Pflaumenart; seltenes, geschmackvolles Alkohol-destilat
Kruag	Krug
Krügerl	Biermaß, ein halber Liter
Kruschpel	Knorpel; knusprig gebratene Schwarte
Kuchl	Küche
Kuchldragona	respekteinflößende Köchin
Kuchlschiazn	Küchenschürze
Kuchlträmpl	Küchenhilfe
Kuddelkraut	Gartenthymian, Quendel
Kudlfleck	Kutteln (meist eine Suppe aus gereinigtem Rinder-magen)
Kukuruz	Mais

-L-

Lackerl   kleine Flüssigkeitsmenge

Leberkaas   beliebte Spezialität, Fleisch-
käse

Lemoni   Zitrone

-M-

Mamalad   Marmelade, Konfitüre

Maroni   schmackhafte Edelkastanie

Marüln   Marille (kleinere Form der
Aprikose)

Melänsch   Melange; Kaffeespezialität

Menaasch   Verpflegung, Jause, Speise

Mischkulanz   Mischung

Mohnstriezerl   aus Teig geflochtenes
Mohngebäck

Mülli   Milch

Müllirahmstrudl   Milchrahmstrudel

-N-

Nockerl von Gnocchi; kleine Klöß-
chen oder Spätzle aus
Mehlteig

Nudel Eierteigwaren

Nudlwoika Teigholz

Nußbeigl Kipferl mit Nußfüllung

-O-

o-brockn abpflücken

Ober Kellner

Obers Milchsahne, Schlagobers

Obstler Schnaps aus diversem Obst

O-grosl Stachelbeere

Oxnaugn Spiegeleier

-P-

Palatsch<u>i</u>nke	Pfann- oder Eierkuchen, auch Omlette - aber gefüllt mit Marmelade oder faschiertem Fleisch
Pan<u>a</u>de	Brandteig
Pan<u>á</u>sch	knusprig gebratene Panier
pani<u>a</u>rn	Fleisch, Fisch oder Gemüse mit Paniermehl (Semmel-brösel) in Fett ausbacken;

Einbröseln (panieren) heißt, Fleisch oder aus dem Schmalz zu backende Mehlspeisen oder dergleichen in Brösel eindrehen. Für die Brösel reibt man Semmeln, die nicht zu alt sein dürfen, damit sie nicht zu viel Fett ein-ziehen, oder mürbes Gebäck auf dem Reibeisen oder in einer Bröselmühle oder schneidet bei mürbem Gebäck die Rinde weg, zerreibt die Schmolle (Krume) in einem reinen Tuche mit den Händen und schüttelt die Brösel dann durch einen Durchschlag. Damit die Brösel haften, taucht man Stücke von Mehlspeisen einzeln zuerst in abgeschla-gene, gesalzene Eier und dann in die in einer Schüssel befindlichen Brösel und schüttelt die Schüssel, damit die Brösel sich gleichmäßig anlegen. Fleisch- und Fischstücke u. dgl. bestreut man zuerst mit Mehl und taucht sie hier-auf mit einer Gabel in eine Mischung von gesalzenem Ei und Wasser oder nur in lauwarmes Wasser und dann in

die Brösel. Lauwarmes Wasser macht die Brösel besser kleben als kaltes. In das Wasser soll man einen Löffelvoll scharfen Essig geben, weil dann das Gebackene weniger fett wird. Aus Prato 1896

Parad<u>ei</u>ser	Tomate
Par<i>i</i>ser	Wurst
Pfandl	Bratpfanne
Pfiff	kleinste Ausschankmenge für Bier
Pinguin	Witzwort für Kellner
Pog<u>au</u>ner	Truthahn
Pomer<u>a</u>nze	Orange
P<u>o</u>widl	Pflaumenmus = Zwetschkenmus
Powidltatschkerl	Teigtasche, mit Powidl gefüllt, gezuckert und warm serviert
Presswurst	Presskopf
Püree	Mus aus Gemüse; meist Kartoffel = Erdäpfelpüree
Puri	Suppengemüse, Porree

-Q-

Quargel	intensiv riechender Käse;
Quirrl	Schaumschläger, Schneebesen

-R-

Radi	Rettich; Ärger
Radischen	kleiner roter Rettich
Rahm	flüssige, saure Sahne, Sauerrahm
Rean	Röhre, Backrohr
Reibeisen	Raffel
Ribisel	Johannisbeere
Risipisi	Reis, Erbsen u.a. zu einem Gericht vermischt
Röster	Dunstobst, Kompott
Ruß	Hering

-S-

Sacher allererste Hotel- und Gastronomieinstanz in Wien (hinter der Staatsoper)

Sachertorte Ähnlich dem Wiener Schnitzel repräsentiert die Sachertorte ein traditionelles kulinarisches Kulturgut von Weltruhm. Das eigentliche Rezept ist ein wohlgehütetes, allerdings auch umstrittenes Geheimnis. Von dieser berühmten „Schokolade-Torte" mit Marillenmarmelade und Schokoguss werden alleine im Hotel Sacher jährlich ca. 270.000 Stück hergestellt, wofür man ca. 1 Million Eier, 55.000 Kilo Schokolade-Sauce und 60.000 Kilo Zucker benötigt.

Rezeptur: Man befeuchtet 15 dag. geriebene Vanilleschokolade mit einem Eßlöffel Wasser und läßt sie im Rohr weich werden, verrührt sie dann fein, gibt 15 dag. Butter dazu, treibt die Butter mit der Schokolade, 6 Dottern und 15 dag. Zucker sehr flaumig ab, mischt hierauf Schnee von 6 Klar und 14 dag. feines Mehl dazu, füllt die Masse in einen weiten, mit Papier ausgelegten Tortenreif und bäckt sie bei mäßiger Hitze. Wenn die Torte ausgekühlt ist, dreht man sie um, damit die glatte Seite nach oben kommt, bestreicht sie mit zäher Marillenmarmelade und übergießt sie mit flüssiger Schokolade (ca. 7 dag).

Safaladi minderwertige Wurst; Knackwurst

Sauce	Soße
Soizstangarl	traditionelles Stangengebäck
Scheitahaufen	süße Auflaufspezialität
Schinkenfleckerl	einfaches, unkompliziertes, beliebtes Gericht aus Nudelteigfleckerln und Schinken;

Schinkenfleckerl

Handelsübliche Nudelfleckerl werden ca. 3 Minuten in Salzwasser gekocht. Nach dem Abseihen gibt man sie in eine Kasserolle zu 14dag. Butter und läßt sie darin 5 Minuten lang rösten. Während dieser Zeit werden 55 dag von gekochten, kalten Schinkens von allen Fett- und Hautteilen gesäubert und fein geschnitten. Die Fleckerln werden von der Kochplatte genommen, mit 3,5 Deziliter Sauerrahm, 6 zersprudelten Eiern, Schinken, Salz und Pfeffer vermengt und zur Seite gestellt. Nach dem Auskühlen wird eine Kasserolle mit Butter bestrichen, mit Semmelbrösel bestreut, mit der Schinkenfleckerlmasse gefüllt und gebacken.

Schlagobers	Schlagsahne
Schmalz	ausgelassenes Schweinefett, Schmer
Schmankarl	Leckerbissen
Schmårren	warme Mehlspeise
Schmetten	Sauerrahm

Schmoiln	das Innere von Gebäck
schnabul<u>ia</u>n	etwas genüßlich kosten, naschen
Schnitzel	siehe **„Wiener Schnitzel"**

Eingebröselte Schnitzchen (Wienerschnitzel)
Vom Kalbsschlegel oder einer ausgelösten Nuß geschnitte-
ne, fingerdicke Schnitzchen werden geklopft und gesalzen
und in Mehl, mit etwas Wasser abgesprudeltes Ei und
Brösel gedreht. Man legt sie in so viel heißes Schweine-
schmalz oder heiße Butter, daß der Boden der Bratpfanne
gut davon bedeckt ist, bratet sie erst auf der einen, dann
auf der anderen Seite schön gelb und bewegt sie dabei
öfters, damit immer Fett darunter ist. Dann legt man sie
auf die Schüssel, garniert sie mit halbierten Limonen und
frischer grüner Petersilie und serviert Salat oder Gemüse
oder Petersiliensauce dazu. Aus Prato 1896

Schöberl	Suppeneinlage aus Biskuit, Schinken, Kräuter u.a.
Schöpfa	Schöpflöffel
Schöps, Schöpsernes	Schaffleisch
Schtölzn	Stelze; Eisbein
Schücha	„Schilcher", steirischer Wein
Schwammarl	Pilz

Das Wiener Schnitzel

Mit Fug und Recht kann behauptet werden, dass Wien weltweit mit dem „Wiener Schnitzel" assoziiert wird. Die Ehrlichkeit allerdings verlangt das Eingeständnis, dass das WS seine historischen Wurzeln im südeuropäischen Raum hat. Es mag auch unterschiedliche historische Dokumente geben, die für eine lange Tradition des WS sprechen, beachtenswert jedoch ist die Tatsache, dass bis Ende des 19. Jahrhunderts nur wenige der damaligen Kochbücher über eine fachgerechte Zubereitung des WS berichten. Fazit: Das Wiener Schnitzel ist unumstritten ein kulinarisches „Weltkulturerbe", das in anderen Ländern wohl auch dem nationalem Geschmack angepasst wird. Oberstes Gesetz jedoch bleibt unbestritten:

Das Wiener Schnitzel ist immer ein Kalbsschnitzel, die populäre Variante vom Schwein verdient lediglich die Bezeichnung „Schweinsschnitzel".

Die „Hosen-Probe":

Ein echtes Wiener Schnitzel hat die sog. „Hosenprobe" zu bestehen: Wenn man sich auf ein frisch gebackenes WS setzt, so darf kein Fettfleck als Rückstand am Hosenboden verbleiben. Wie Frauen in vergangenen Zeiten dieses Testverfahren durchgeführt haben, konnte nicht recherchiert werden.

Seidel	1/3 Liter Bier
Senft	Senf
Schpeis	Speisekammer
Schtamparl	kleines Schnapsglas
Schtifterl	kleine Flasche Wein oder Sekt
schtoppeln der Wein stoppelt	Wein riecht und schmeckt nach Kork
Schtriezl	geflochtenes Weißgebäck
Schtrudel	traditionelle Mehlspeise, viele Variationen
Suarfleisch	Pökelfleisch

-T-

Tafelspitz	legendäre Wiener Rind-fleisch-Delikatesse
Topfen	Quark
Tschoklat	Schokolade

-U-

Uhudla   originelle Weinspezialität

Umurke   Gurke

-V-

Vahåckarts   „Verhacktes", Brotaufstrich aus kleingehacktem Räucherspeck

Valängerta   kleiner, mit Wasser gestrecketer, Mocca

Vanilli   alter Begriff für Knoblauch

Vanille-Rostbraten   Knoblauch-Rostbraten

Voglbeere   Beere der Eberesche

Vogarlsalat   Feldsalat

-W-

Wachauer Laberl   Gebäck aus Roggen- und Weizenmehl

Waldviertler Knödel   Kartoffelknödel

Der Würstelstand hat seine historischen Wurzeln bereits im 18. Jahrhundert. Würstelstände sind nicht nur als Alternative zum amerikanischen Fastfood zu sehen, sondern nehmen fast schon einen kultigen Status ein. Neben seiner vorrangig kulinarischen Funktion ist der Würstelstand auch Kommunikationszentrum für Taxler und Fiaker, für Operngeher und Geschäftsleute, für Touristen oder für unter plötzlichem Hunger leidende Passanten.

Das Angebot an relativ rasch verfügbaren Kleingerichten variiert, fixe Bestandteile sind Käserkrainer, Bosner, Frankfurter, Currywurst, Bratwurst, Burenwurst u.a. Pommes, Burger, Schnitzelsemmeln können das Standardangebot zwar ergänzen, zählen aber nicht zu den „Klassikern". Passende Getränke, Süßigkeiten, mitunter auch Zigaretten runden das oft sehr reichhaltige Spektrum ab. Sollten die vergleichsweise zur aufwendigen Gastronomie oft überraschend hohen Preise Verwunderung auslösen, so sei damit argumentiert, dass

neben der raschen Verfügbarkeit der Speisen (und das oft bis spät in die Nacht), dem hautnahen Erleben des städtischen Ambientes auch eine Portion Wiener Charme abfällt.

Weckarl	Kleingebäck
Weckn	Laib
a Weckn Brot	Brotlaib
Weim-bal	Weinbeere
Wein-beißa	Weinkenner, Weingenießer; Lebkuchengebäck (Pfeffernüße)
Wiener Schnitzel	siehe Seite 233/34

-Z-

Zölla	Sellerie
Zibebn	Rosinen
Zichori, Ziguri	Kaffee-Ersatz aus den Wurzeln der Wegwarte gewonnen
Zuckerl	Bonbon
Zwetschke	Pflaume
Zwetschkn-fleck	Pflaumenkuchen
Zwickl	naturtrübe Bierspezialität

Quellenverzeichnis

Mundartliche Sprache umgibt uns im täglichen Alltag, unterliegt spontanen Einfällen und Situationen sowie auch dem Wandel der Zeit. Begriffe unserer Ahnen sind längst vergessen oder haben sich in ihrer Bedeutung gewandelt. Die in diesem Buch zusammengetragenen Begriffe und die damit verbundenen „Erklärungen" entsprechen der persönlichen, also individuellen, Wahrnehmung der Autoren.

Um sicherzugehen, dass nicht wichtige Wörter übersehen oder falsch interpretiert wurden, hat sich das Autorenteam an unterschiedlichen namhaften Quellen orientiert.

Eine kurze Übersicht soll dem interessierten Leser weiterhelfen.

ARTMANN, H. C. (1958): med ana schwoazzn dintn. Otto Müller Verlag, Salzburg. ISBN 3-7013-0227-8

HIETSCH, O. (2000): From „anbandeln" to „Zwetsckenknödel". Tyrolia-Verlag, Innsbruck-Wien. ISBN 3-7022-2351-7

HINTERBERGER, E. (1996): Mundlsprüche. Deutike Verlag. ISBN 3-216-30275-X

HORNUNG, M. & GRÜNER, S. (2002): Wörterbuch der Wiener Mundart. 2. Auflage, ÖBV & HPT VerlagsgmbH, Wien. ISBN 3-209-03474-5

MAIER-BRUCK, F. (1975): Das große Sacher Kochbuch. Verlag Schuler. ISBN 3-88199-388-6

WAGNER, C. (1996): Das Lexikon der Wiener Küche. Verlag Deutike, Wien. ISBN 3-216-30253-9

WEHLE, P. (1980): Sprechen Sie Wienerisch? Verlag Ueberreuter, Wien. ISBN 3-8000-3165-5

Weitere humorvolle Geschenksideen aus unserem Verlagsprogramm:

Hubert Bruckner

Samlung von Stiehlblüten aus Folgs- und Haubtschule

Schule von ihrer lustigsten Seite. Unterhaltsam, lustig und frech - für alle, die einmal die Schulbank gedrückt haben.

4. Auflage 2003, 128 Seiten, gebunden, farbig illustriert, ISBN 3-902211-01-6

Hubert Bruckner

Das Original Mostviertler Mundartbuch

Wissen Sie was ein „Wischbam" ist, eine „Hudl" oder was „fedln" bedeutet? Die Mostviertler Mundart - unterhaltsam, informativ und lehrreich konserviert.

1. Auflage 2003, 240 Seiten, gebunden, farbig illustriert, ISBN 3-902211-05-9

Verlag 66 Buch-, Kunst- und Musikalienverlag GMBH
Hauptplatz 26, A-3300 Amstetten
07472/236 89, www.verlag66.com, office@verlag66.com